자기개발
말고,
자기창업

자기개발 말고, 자기창업

초판 1쇄 발행 2023년 1월 15일
초판 1쇄 인쇄 2023년 1월 20일

지 은 이 조빛나
발 행 인 전익균, 전형주

이　　사 정정오, 김영진, 김기충
기　　획 권태형, 백현서, 조양제
편　　집 김정
디 자 인 페이지제로
관　　리 김희선, 유민정
언론홍보 (주)새빛컴즈
마 케 팅 팀메이츠

펴낸곳 새빛북스, (주)아미푸드앤미디어
전화 (02) 2203-1996, (031) 427-4399 **팩스** (050) 4328-4393
출판문의 및 원고투고 이메일 svcoms@naver.com
등록번호 제215-92-61832호 **등록일자** 2010. 7. 12

가격 15,000원
ISBN 979-11-91517-36-1 03320

자기개발 말고, 자기창업

경험과 지식으로 평생 성공하기 위한 시작

조빛나

지음

도서출판 새빛
SAEVIT

자기개발을 넘어선
자기창업의 시대

'자기'가 모든 근본적 변화의 시작이다.
돈에 투자하면 딸 때도 있고 잃을 때도 있다.
그러나 자신에게 투자하면 절대로 잃는 법이 없다.

– 《그대, 스스로를 고용하라》 구본형

...

자기창업의 시작

현재 내가 가진 모든 걸 다 잃었다고 가정해보자. 직장도 사업
도 자산도 어느 것 하나 남아 있지 않다. 설상가상 다시 직장을
구하기도 어려운 상황이다. 당장 먹고살기 위해 돈을 벌어야 한
다면 과연 어떻게 할 것인가?

위와 같은 상황이 절대로 일어나서는 안 되겠지만, 우리는 이미 팬데믹과 여러 사회적 이슈를 겪으며 직접 혹은 간접적으로 이러한 상황이 누구에게나 언제든 일어날 수 있다는 사실을 몸소 느끼고 있다.

사업에 올인하기 위해 5년 동안 다닌 직장을 관두고, 팬데믹으로 7년 동안 운영하던 사업을 접게 되면서 수중에 남은 것이라곤 '나' 자신밖에 없었다. 직장이 주는 달콤한 급여와 소속감도 사업을 하며 대표자로서의 계급장과 사업 대박의 꿈도 더 이상 존재하지 않았다. 희망의 끈을 놓아버릴 수도 있었던 상황에서 나를 지켜 준 건 다름 아닌 나의 '경험'과 '지식'이었다.

창업을 위한 취업을 선택하며 직장에서 성공했던 경험과 창업하며 겪은 사업의 시행착오를 통해 터득한 지식으로 본격적인 수익을 창출하기 시작했다. 그 결과 직장생활과 사업을 할 때보다 훨씬 더 많은 수익을 창출하였고, 동시에 나의 경험과 지식으로 사람들을 변화시키기 시작했다.

아이디어 제품으로 창업하여 세상을 변화시키려 했던 나의 목표는 경험과 지식으로 창업하면서 비로소 실현 가능한 목표가 되었다. 직장, 사업, 자산 그 무엇도 아닌, 세상에 하나뿐인 나의 경험과 지식으로 성공하기 위한 선택. 그것이 바로 자기창업의 시작이었다.

세상이 변하는 것을 보고 싶다면 스스로가 변해야 한다.
- 마하트마 간디

자기개발을 넘어선 자기창업의 시대

자신의 기술이나 능력을 발전시키는 자기개발은 취업이나 직장에서의 승진을 돕는 역할을 한다. 그러나 모든 것이 불확실한 뷰카시대(VUCA:변동적이고 복잡하며 불확실하고 모호한 사회환경)에 자기개발은 더 이상 나를 지키지 못한다. 평생 직장이란 이미 사라진지 오래며 그 어떤 회사도 회사의 미래를 장담할 수 없는 시대가 되었기 때문이다. 또한 머지않아 나의 업무는 인공지능에 의해 대체되거나 사라질 가능성이 매우 높아졌다.

그렇다면 뷰카시대에 나를 지키는 동시에 성공하기 위해선 어떻게 해야 할까?

일반창업 프로세스

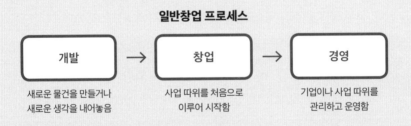

개발	창업	경영
새로운 물건을 만들거나 새로운 생각을 내어놓음	사업 따위를 처음으로 이루어 시작함	기업이나 사업 따위를 관리하고 운영함

'개발'에서 멈추는 것이 아닌 '창업'을 시작해야 한다. 개발을 넘어선 창업으로 직접 비즈니스를 만들어야 한다. 그러나 아쉽게도 대부분에 사람들은 개발 단계에서 멈춘다. 직접 수익을 창출하지 않고 자기개발을 통해 개발 가치를 알아봐 주고 고용해 주

길 기다리며 선택당한다.

이전까지는 개발만 잘하더라도 먹고 사는 데 큰 문제는 없었다. 그러나 뷰카시대에선 얘기가 달라진다. 개발만으로는 더 이상 살아남을 수 없다. 스스로 일을 만들고 수익을 창출해야만 살아남을 수 있는 자기창업의 시대가 도래한 것이다.

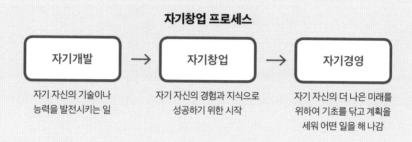

자기창업 프로세스

| 자기개발 | → | 자기창업 | → | 자기경영 |

자기 자신의 기술이나 능력을 발전시키는 일 / 자기 자신의 경험과 지식으로 성공하기 위한 시작 / 자기 자신의 더 나은 미래를 위하여 기초를 닦고 계획을 세워 어떤 일을 해 나감

자기 자신의 기술이나 능력을 발전시키는 자기개발과, 자기 자신의 더 나은 미래를 위하여 기초를 닦고 계획을 세워 어떤 일을 해 나가는 자기경영은 이미 너무나 잘 알려져 있다. 하지만 개발과 경영 사이에 빠진 것이 하나가 있었다. 바로 '창업'이다. 제아무리 나를 개발하더라도, 나를 창업하지 않으면 나를 경영할 수 없다.

성공하고 싶은가? 나의 경험과 지식으로 수익을 창출하는 자기창업이 없이는 평생 성공할 수 없다. 직장도, 사업도, 자산도 더 이상 나를 책임져 주지 못한다. 빠르게 변하는 뷰카시대에서 평생 믿을수 있고 나를 지킬 수 있는 무기는 오직 '나'뿐이다. 자본주의 시대에 나라는 상품의 가치를 그저 한 회사의 소유물로 둘 것인지. 아니면 세상을 무대로 가치를 창출할 것인지 그 선택은 모두 나에게 달려있다. 오직 나만이 나를 창업할 수 있다.

자기창업은 직장도, 사업도 아닌 세상에 하나뿐인 나의 경험과 지식으로 성공하기 위한 시작이다. 책은 크게 자기창업가는 어떤 목표로 일하며, 무엇으로 창업하여 평생 성공할 수 있는지 구체적인 방법을 이야기한다.

이 책은 총 3부로 구성되어있다. 1부 '경험과 지식이 목표가 되다'에서는 경험과 지식을 쌓기 위해 일하며 직장에서 성공한 전략과 일하며 쌓은 경험과 지식을 나누며 사업으로 성공한 전략을 담았다. 1부 내용을 통해 일業을 대하는 자기창업가의 목표와 성공 전략을 배울 수 있다.

2부 '경험과 지식으로 창업하다'는 나만의 경험과 지식을 비즈니스모델로 설계하여 경쟁력 있는 창업 아이템, 콘텐츠로 만들고 수익을 창출하는 구체적인 실행방법을 제시한다.

마지막 3부 '경험과 지식으로 평생 성공하다'에서는 평생 성공하는 자기창업가가 가져야 할 자기창업가정신(자기주도성, 혁신성, 진취성, 위험감수성)에 대해 소개한다.

책이 세상에 나오기까지 많은 응원과 기도가 있었다. '사람이 마음으로 자기의 길을 계획할지라도 그의 걸음을 인도하시는 이는 여호와시니라' 잠언 16장 9절 말씀처럼 자기창업 콘텐츠를 예비하심으로 창업 매니저, 창업가, 창업 전문가까지 늘 걸음을 인도해주신 하나님 아버지께 이 책을 바친다.

내가 선택한 가족이자 세상에 태어나서 가장 잘한 선택인 사랑하는 남편 김민욱과 어디서든 빛나는 딸이 되도록 매일 새벽 기도로 하루를 시작하는 어머니, 인생의 중요한 선택을 할 때 늘 좋은 선배가 되어준 아버지, 늘 나의 자랑인 하나뿐인 동생 윤나에게 고마운 마음을 전한다.

항상 기도와 넘치는 사랑으로 세상에서 가장 행복한 며느리로 만들어주시는 어머님, 아버님. 그리고 가장 닮고 싶은 나의 롤모델이자 시누이보단 소울메이트가 어울리는 혜민언니 덕분에 책을 완성할 수 있었다.

끝으로 자기창업 콘텐츠가 책으로 세상에 나올 수 있도록 함께 해주신 도서출판 새빛 대표님과 임직원분들에게 깊은 감사의 인사를 전한다.

저자 조빛나

PART 2
경험과 지식으로 창업하다

PART 3
경험과 지식으로 평생 성공하다

자기창업 체크리스트

책을 읽기 전 <자기창업 체크리스트>를 통해
현재 나의 자기창업 준비상태를 점검하는 시간을 가져보자.

항목	점수	✓
나는 지금 하는 일을 스스로 선택하였다.	10	
나는 나를 성장시키는 일을 한다.	10	
나는 지금 하는 일을 즐긴다.	10	
나는 내가 하는 일에 대해 대체 불가능한 존재이다.	10	
나는 경험을 기록하며 쌓고 있다.	10	
나는 바로 활용할 수 있는 지식을 쌓고 있다.	10	
나는 다른 사람들에게 나의 경험과 지식을 나눈다.	10	
나는 나만의 콘텐츠를 가지고 있다.	10	
나는 콘텐츠로 수익을 창출하고 있다.	10	
나는 경험과 지식으로 평생 성공할 수 있다.	10	
합계		

☑ 0점(위험) : 자기창업 준비가 전혀 되어 있지 않은 위험한 상태

☑ 10~30점(시작) : 자기창업 시작 단계로 준비가 필요한 상태

☑ 40~70점(준비) : 경험과 지식으로 수익을 창출할 수 있는 준비가 된 상태

☑ 80~100점(완성) : 경험과 지식으로 세상을 바꾸고 있는 자기창업 상태

PART 1

경험과 지식이
목표가 되다

. . .

무엇을 하든 결과가 어떠하든
성공하는 방법은 없다.
자기창업 외에는.

직장인, 사업가가 되기 전에,
먼저 자기창업가가 되어라.

배우 이정은은 오랜 무명 생활 끝에 영화 <기생충>으로 성공한 연기자가 되었다. 오랜 무명 시절 동안 수입이 없었던 그녀는 생계를 위해 다양한 아르바이트를 할 수밖에 없었다. 그중에서도 채소를 파는 일을 하기도 하였는데, 당시 그녀의 태도에 놀라지 않을 수 없었다. 불확실한 환경에서 자신의 꿈이었던 연기가 아닌 채소를 파는 일을 해야 한다면 누구든지 현실에 불만을 갖고 부정적인 태도를 가졌을 수도 있다.

하지만 그녀는 달랐다. 그녀에게 채소를 파는 일은 어쩔 수 없이 해야 하는 생계가 아닌 연기를 연습하는 기쁨이었다. 그녀는 채소를 팔면서도 그 속에서 연기처럼 디테일을 발견해서 배울 점을 찾았다. 적극적이고 배우려는 태도 덕분에 장사 수완도 덩달아 좋아졌다. "일한 시간들 중 하나도 버릴 시간이 없었다. 저는 오히려 배우의 얼굴이 만들어지는 과정에 필요한 시간이었다고 생각한다"고 그녀는 말했다. 어떠한 상황에서도 배울 점을 찾고 나를 위한 경험과 지식으로 만들어내는 그녀의 일화는 큰 여운을 주었다.

창업 네트워킹 행사에서 만난 A 대표가 있었다. 차기 아이템을 설명하며 꽤 들떠있던 그에게 평소 친분을 유지하던 B 대표가 말했다. "성공 가능성이 그리 높아 보이지 않는데 잘 안되면 어쩌려고?" 그러자 A가 말했다. "모든 과정을 유튜브로 찍어서 콘텐츠로 만들 거라 잘 되지 않더라도 괜찮아"

그에게 있어 시행착오는 실패가 아니었다. 성공을 위해 열심히 노력하겠지만, 만약 실패하게 되더라도 모든 과정을 기록하여 나만의 콘텐츠로 만들어 수익을 창출하려는 계획이 있기 때문에 그는 실패를 두려워하지 않았다. 그 누구도 A의 아이템을 또다시 평가하거나 그의 말에 반박하지 않았다. 아니 할 수 없었다.

자기창업은 일반적인 창업처럼 당신이 다니고 있는 직장을 관둬야 하거나 사업 아이템을 바꿔야하는 것이 아니다. 오히려 그와 반대로 당신을 직장과 사업에서 반드시 성공하도록 만든다.

100세 시대에 평생 성공하는 방법은 나의 경험과 지식으로 성공하는 것임을 아는 자기창업가는 직장과 사업을 성공의 목표로 삼지 않는다. 그리고 직장과 사업이 목표가 아닌 과정이 되는 순간 자기창업가의 태도는 180도 달라진다. 직장에서의 모든 업무가 회사가 아닌 나를 위한 일이 되며, 사업의 모든 어려움은 곧 나의 콘텐츠가 되고 전문성을 높이는 기회가 된다. 그리하여 직장에서 성공하고 사업으로 성공하는 삶을 살게 된다.

찰스 레브슨은 말했다. "만일 운명을 바꿀 수 없다면 자신의 태도를 바꿔라" 자기창업가적 태도는 당신의 태도를 바꾸며 운명을 바꾼다. 그리고 무엇을 하든 결과가 어떠하든 결국 나의 '경험'과 '지식'으로 평생 성공하는 삶을 만든다.

. . .

불확실한 환경에서 반드시 성공하는 자기창업가

제러미 리프킨은 저서 《노동의 종말》에서 2030년이 되면 30%만 일자리를 갖고, 2050년이 되면 5% 정도만 일자리를 얻게 될 것이라고 예측했다. 어떤 생각이 드는가? 두려운가?

우리가 진짜 두려워해야 할 것은 10년 뒤 30년 뒤 줄어든 일자리 수가 아니다. 지금 우리는 어떤 태도로 일하고 있는지 그것을 알고 두려워해야 한다.

나에게 직장은 아낌없이 주는 나무, 그 자체였다. 나의 사업에 도움이 될 만한 직장을 찾아 선택하였고, 활용하였고, 즐겼다. 이처럼 경험과 지식을 목표로 일하는 자기창업가는 내일 당장 일자리가 1%만 남게 되는 불확실한 환경에 놓인다고 하더라도 절대 두려워하지 않는다. 회사는 언제나 주도적이며 진취적인 대체 불가능한 자기창업가를 원하기 때문이다.

사업의 경우 힘든 시행착오를 겪을 때마다 다양한 사업의 노하우가 생겼고 이를 기록하기 시작했다. 또다시 누군가가 나와 같은 뼈아픈 사업의 시행착오를 겪지 않길 바라는 마음으로 콘텐츠를 정리해 나갔다. 그렇게 탄생한 콘텐츠는 진심이 통하여 결과적으로 사업보다 높은 수익을 가져다주었다. 자기창업가는 시행착오를 겪거나 실패를 하게 되더라도 그 경험과 지식으로 수익을 창출하여 결국에는 성공하게 된다. 나 자신으로 성공하는 자기창업가에게는 불확실한 직장의 위험도 사업의 실패도 존재하지 않는다.

$\bullet\ \bullet\ \bullet$

나라는 아이템으로 성공하는 자기창업

사업에 성공하기 위한 아이템의 경쟁력은 무엇일까? 바로 고객이 시장에서 나를 선택하게 만드는 '차별성'이다. 우리는 하루에도 몇 번씩 소비를 통해 돈과 가치를 교환한다. 내가 지불하는 돈보다 더 가치 있다고 생각하는 제품이나 서비스에 우리는 소비를 결정한다. 그리고 이러한 소비를 결정짓는 가치는 동일한 가치를 다른 곳에선 찾을 수 없을 때 더욱 빛을 발한다.

그렇다면 세상에서 가장 가치 있는 아이템은 무엇일까?

단언컨대 세상에서 아무도 흉내 낼 수 없는 차별화된 아이템은 '나'뿐이다. 세상에 그 어떤 차별화된 아이템도 자본력 앞에선 무릎 꿇게 되어있다. 그러나 세상에 하나밖에 없는 나의 경험과 지식, 나라는 사람은 누구도 흉내 낼 수 없는 가치를 가졌다.

사업을 할 때 나는 늘 불안했다. '누군가 나의 아이템을 따라 하진 않을까', '자금을 투자하여 제품의 기능을 더 업그레이드해야 하진 않을까'하는 불안이 늘 존재했다.

그러나 경험과 지식이란 아이템은 늘 나를 확신하게 했다. 경험이 쌓일수록 그 누구도 따라 할 수 없는 나만의 스토리가 되었고, 지식에 투자할수록 '나'라는 아이템의 가치는 무궁무진한 가능성과 성과를 창출하였다. 시간이 흐를수록 도태되는 사업 아이템과 달리 자기창업 아이템은 매일 스스로 성장하며 가치가 상승하였다.

취업을 준비 중인가?

직장생활에 권태를 느끼는가?

퇴직을 앞두고 있는가?

창업을 준비 중에 있는가?

사업을 운영하고 있는가?

무엇을 하고 싶은지 모르는가?

과거에도, 지금도, 앞으로도 모든 성공의 시작은 자기창업이다. 무엇을 하든 먼저 자기창업가가 되어라.

1장

'경험과 지식'을 쌓기 위해 일하라

직장에서 성공하는
자기창업가

1905년 베른의 특허국에서 근무하던 한 특허 심사관은 독일의 물리학 연보에 5편의 논문을 연달아 기재했다. 그는 3월에 발표한 '광양자 가설'로 노벨 물리학상을 받았고, 9월에 발표된 '특수 상대성 이론'은 인간의 시간과 공간에 대한 통념을 완전히 뒤바꾼 위대한 업적이 되었다.

그 특허 심사관의 이름은 바로 알베르트 아인슈타인이다.

대부분에 사람들은 아인슈타인이 평생 물리학자이자 교수로 살아왔을 거라 생각하지만 그렇지 않다. 아인슈타인은 1902년 스위스 베른의 특허국에 입사하여 무려 7년 동안 직장생활을 하였다. 그는 특허국에서 특허청 심사관으로 근무하였는데, 출원된 특허 서류를 검토하면서 특허 등록이 가능한지 아닌지 판정하고 허가를 내리는 일을 하였다.

• • •

직장에서 성공한 아인슈타인

피터 갤리슨의 책에 따르면 당시 특허국 국장이었던 프리드히리 할러는 심사관에게 "발명가의 사고방식을 따라가는 유혹에 빠지면 그것이 선입견으로 이어질 터이므로, 비판적으로 깨어있으라"고 경고하였고, 특허 출원서를 평가하는 단계마다 비판적일 것을 지시했다. 독단적인 권위는 낡아빠진 것이며 우둔하고 게으른 것이라는 생각에 깊이 젖어 있었던 아인슈타인은 자신의 회의주의를 마음껏 발휘하라는 명령이 그저 고마울 따름이었다.

또한 물리학자로서 도면에 대해서는 아는 게 아무것도 없던 아인슈타인은 정규직이 되기 위해 기술 도면과 설계 명세서에 통달하여 특허 세계의 시각언어를 정복하였다.

아인슈타인에게 특허국은 직장일 뿐 아니라 훈련의 장소, 즉 기계에 관해 엄밀하게 사고하는 학교였다. 당시 심사관으로서 시계의 동기화synchronisation를 하는 기계에 대한 특허를 많이 접하였는데, 그의 상대성 이론이야말로 바로 그 시간의 동기화를 해결하는 것이었다.

아인슈타인은 주요 논문 세 편을 발표한 '기적의 해(1905년)' 이후에도 1909년까지 특허국에서 근무하였다. 그가 특허국에서 근무하지 않았더라도 물리학자로서 위대한 업적을 남겼을 테지만, 그의 직장 또한 성공에 결코 적잖은 영향을 미쳤을 것이다.

• • •

직장에서 성공하는 자기창업가

창업자와 창업가의 차이를 아는가? 창업자는 새로운 사업을 시작한 사람. 즉 사업자등록을 한 사람(대표자)이다. 반면 창업가는 새로운 사업을 하려는 사람이다. 사업자등록을 하지 않았더라도, 새로운 사업을 하려는 목표를 갖는다면 창업가가 되는 것이다.

자기창업가 역시 마찬가지다. 경험과 지식으로 창업하여 수익을 창출하고 있지 않더라도, 경험과 지식으로 성공하기 위해 경험과 지식이 목표가 되는 순간 '자기창업가'로 거듭나는 것이다.

이처럼 경험과 지식이 삶의 목표가 된 자기창업가는 직장의 급여나 승진에 연연하지 않는다. 그보다 '어떻게 하면 더욱 경험과 지식을 쌓을 수 있을지', '지금 나는 성장하고 있는지'를 고민하고 점검한다. 그 결과 아인슈타인처럼 직장은 지루한 업무로 가득한 곳이 아닌 배울 것들로 넘치는 학교가 된다.

직장에서 만났던 동료 중 유독 눈빛이 빛났던 사람들이 떠오른다. 무엇을 하든 자신의 회사처럼(대표자) 일하며, 직장에서 주어진 업무가 아닌 시키지도 않은 일을 찾아 만들어 냈던 사람. 모두 경험과 지식을 목표로 일하는 자기창업가였다.

나를 포함하여 그들은 회사에 큰 가치를 만들어 냈다. 그리고 곧 높은 급여와 승진이 뒤따랐다. '성공하려면 돈을 쫓아선 안된다'는 말이 있다. 직장에서의 성공 또한 급여와 승진을 쫓아선 안된다. 자기창업으로 경험과 지식을 쫓아라. 반드시 성공이 뒤따를 것이다.

직장을 선택하다

"여러분들 중 대학을 선택하기 전에, 전공 교수님이 쓴 논문을 찾아봤거나 내가 어떤 공부를 할 수 있을지 미리 알아보신 분 있으면 손을 들어주세요!"

대학생을 대상으로 진행한 창업가정신 캠프에서 위 질문에 손을 든 사람은 한 명도 없었다. 모두 입시성적에 맞춰 학교와 전공을 선택한 것이다. 내가 평생 일하기 위해 배우는 전공과 이를 가르칠 교수가 있는 대학을 선택하면서 '나'는 없고 '성적'만 존재하였다.

성적에 맞춰 전공을 선택하는 결정은 마치 가격표에 맞춰 옷을 구매하는 것과 같다. 내가 가진 돈으로 살 수 있는 가장 비싼 옷을 사는 것이다. 그러면 어떻게 될까? 처음 며칠은 좋을 것이다. '내가 가진 능력으로 이렇게 비싼 옷을 살 수 있다니!' 하지만 점차 옷에 손이 가지 않고 흥미를 잃게 된다. 옷을 살 때 중요한 것은 가격표가 아니기 때문이다. 옷은 내 신체 사이즈와 맞으면서 내가 가진 장점은 부각시키고 단점은 커버해줄 수 있는 옷을 사야 한다. 편하면서도 나를 빛나게 해주는 옷을 사야 오래 입을 수 있다. 그런데 지금 우리는 가격표만 보고 옷을 사는, 성적에 전공을 맞추는 무서운 선택을 하고 있는 것이다.

그런데 진짜 문제는 모두가 이렇게 살아왔기 때문에 성적 중심의 대학 선택이 잘못되었다고 이야기해줄 수 있는 어른이 없다는 것이다. 또한 더욱 큰 문제는 이와 같은 성적 중심의 선택이 '전공(대학)' 뿐만 아니라 '직장'까지 이어진다는 사실이다.

대학 졸업을 앞둔 나는 고민에 빠졌다. 공중화장실에서 발생하는 소지품 분실 문제를 해결할 선반 겸 잠금장치 특허를 출원해놓고, 창업을 할지 취업을 할지 결정해야 했기 때문이다. 며칠을 고민해도 해결되지 않아 아이디어 제품을 개발한 경험이 있는 이모를 찾아갔다. 내 아이디어가 무엇이 좋은지, 또 얼마나 돈을 많이 벌 수 있는지 한참을 이야기하는 나에게 이모는 걱정스러운 눈빛으로 말하였다.

"너 돈은 있니?"

이모는 내가 돈이 없다는 걸 알고 있었다. 고민 상담을 핑계로 내 아이디어에 투자해 달라는 제안을 거절당한 순간이었다.

이제 나에겐 선택의 여지가 없었다. 돈을 벌어서 내 힘으로 창업해야 했다.

취업을 하기로 결정하고 먼저 직장인이 된 친구를 만났다. 내가 알던 친구가 맞는지 의심이 갈 정도로 입사 당시 회사에 대한 애정과 열정은 온데간데없이 사라진 상태였다. 매일 늦게까지 이어진 야근과 반복되는 업무에 찌들어있었고, 쉴 틈 없이 직장 상사 욕을 늘어놓았다. 그날 나는 다짐했다. '절대로 저렇게 취업하지 말아야지'

애초부터 나와 친구는 직장을 구하는 목표부터 달랐다. 친구는 자신의 조건에서 갈 수 있는 가장 큰 기업에 입사하는 것이 목표였지만, 나의 목표는 창업에 도움이 될 만한 회사를 찾는 것이었다.

나는 종이를 꺼내어 나만의 '창업을 위한 취업 체크리스트'를 작성하기 시작했다.

창업을 위한 취업 체크리스트

1. 정시 퇴근
2. 다양한 직무경험
3. 창업을 배울 수 있는 일
+ 자율 근무
− 높은 급여

* 1~3번은 필수값이며 +, −는 선택 값이다.

---

1. 정시퇴근 : 지금은 워라밸을 중요시하는 기업문화가 확산하면서 정시 퇴근이 많아졌지만, 당시에는 야근하지 않는 회사를 찾기 어려웠다. 야근을 하게 되면 창업 준비를 위한 시간이 전혀 없어질 뿐만 아니라 삶의 질도 떨어진다. 눈치 보지 않고 정시에 퇴근할 수 있는 회사가 필요했다.

2. 다양한 직무경험 : 먼저 취업한 친구들을 보니 신입에게는 반복적인 업무만 주어졌다. 대기업일수록 그럴 확률이 높았다. 반복적인 업무만 하다 보면, 나중에 직장을 나와 창업하였을 때 내가 할 수 있는 업무의 폭과 경험이 좁을거라 생각했다. 창업 초기에는 창업자 혼자서 다양한 일을 담당할 텐데 직장에서 미리 경험하고 배우면 좋을 것 같았다.

3. 창업을 배울 수 있는 일 : 창업에 대한 경험이나 지식이 매우 부족했기 때문에 직장에서 업무를 통해 창업을 배울 수 있다면 일석이조가 될 것이라 생각했다. 처음엔 아이디어 제품 관련 회사를 알아보기도 하였지만, 당시 1번과 2번을 동시에 만족시키는 회사가 없어 창업을 전반적으로 배울 수 있는 회사를 알아보았다.

+ : 필수는 아니지만 창업을 준비할 수 있는 자유로운 업무환경이면 좋겠다.

‒ : 위 요건을 갖추었다면 급여가 조금 낮더라도 지원한다.

작성한 체크리스트를 보며 '이런 회사가 정말 존재하긴 할까' 싶었으나, 얼마 지나지 않아 원하는 조건을 넘치도록 채워준 회사에 입사하였다. 회사 대표님은 국내 최초의 창업학 박사 1호로, 지금까지도 나의 멘토이자 스승으로 관계를 이어오고 있다. 친구들은 돈을 벌기 위해 출근하였지만 나는 배우기 위해 출근하였다. 회사는 나에게 아낌없이 주는 나무 그 자체였다. 나는 직장에서 내가 원하는 창업을 하였고, 무려 5년 동안 직장과 창업을 병행할 수 있었다. 회사와 나는 서로를 필요로 하며 함께 성장하였다. 모두 직장에 나를 맞추지 않고, 나만의 '체크리스트' 기준에 맞춰 직장을 선택한 결과였다.

국내 구직사이트 기관의 조사에 따르면 직장인의 63%가 비전공 분야에서 일한다고 한다. '전공을 따르지 않았어도 행복하게 일하면 그만 아닐까?' 싶었지만, 아쉽게도 전공 분야를 선택한 직장인의 업무 만족도가 41.4%이지만, 전공 분야를 따르지 않은 직장인의 업무 만족도는 16.9%에 불과했다. 이 통계가 나에게 주는 메시지는 전공을 살려야 업무에 만족한다는 단순한 의미가 아니었다. 지금 바로잡지 않으면 전공에 나를 맞추고 직장에 나를 맞추는 일이 반복될 것이다.

나로 성공하는 자기창업가는 절대 나를 직장에 맞추지 않는다. 옷을 살 때 가격이 아닌 신체 사이즈에 잘 맞고 나를 빛나게 만들어줄 옷을 찾는 것 처럼 직장을 찾아 선택한다. 인생을 살아가는데 무엇이 가장 중요하고 가치있는 것인지 잘 알기 때문이다.

가격표를 보고 선택한 옷은 입지 않으면 그만이다.
하지만 성적에 맞춰 선택한 전공과 직장은
과연 어떻게 할 것인가?

직장을 활용하다

오늘 직장에서 무엇을 배웠나?

그 경험과 지식을 어떻게 활용할 것인가?

나는 매일 스스로 질문하였다. 오늘은 회사에서 무엇을 배웠고 그 경험과 지식을 어떻게 활용할 것인지 묻고 답하고 계획하였다. 하늘은 스스로 돕는 자를 돕는다고 했던가, 감사하게도 가장 입을 크게 벌린 아기 새에게 먹이를 주는 어미 새처럼, 진취적으로 항상 배우려는 자세를 가진 직원에게 회사는 많은 기회를 제공하였다. 그렇게 나의 경험과 지식은 선순환을 그리며 계속 성장하였다.

창업을 위한 취업 체크리스트를 넘치도록 만족시킨 직장은 바로 '비즈니스 센터' 프랜차이즈 회사였다.

> **비즈니스센터란?**
>
> 초기 자본이 부족한 창업자들이 부담 없이 창업을 시작할 수 있는 공동
> 사무실이다. 집기류가 세팅된 소규모 사무실에 인터넷, 복합기, 회의실
> 등을 함께 사용하여 초기 사무실 세팅 비용을 절감하여 사업의 리스크
> 를 줄일 수 있다.

당시 나는 비즈니스센터를 운영하는 매니저 직무에 지원하였다. 매니저는 전국 30여개 센터 중 한 곳에 파견되어 해당 센터를 총관리하는 업무를 담당하였다. 센터당 약 40여개 기업이 입주해 있었다. 매니저는 센터 입주 상담부터 회계, 관리, 고객 응대, 홍보와 마케팅까지, 담당하지 않는 업무를 찾기 어려울 정도로 다양한 업무를 맡아 센터를 운영하였다.

또한 혼자 파견근무를 하였기 때문에 함께 일하는 상사도 존재하지 않았다. 매니저는 마치 회사를 창업하여 하나부터 열까지 모두 해내야 하는 창업자와 다를 바 없었다. 비즈니스센터는 창업을 배우기 위한 최고의 학교였다.

장점은 이뿐만이 아니었다. 회사는 일반 비즈니스센터와 달리, 입주한 창업기업을 인큐베이팅 하여 창업 성공을 돕겠다는 비전을 가지고 있었다. 비전을 실현하기 위해서는 고객과 매일

소통하는 매니저의 역량이 중요하였고, 한 달에 한 번씩 주말 워크숍을 통해 창업 교육을 진행하였다. 모든 매니저가 주말에 열리는 워크숍을 싫어하였지만, 나에게 워크숍은 창업을 무료로 배울 수 있는 기회이자 기쁨이었다. '창업을 위한 취업 체크리스트'는 그렇게 시간이 지날수록 더욱 빛을 발하였다.

내가 만약 회사 규모나 급여를 쫓아 직장을 구했다면?
나에게 도움도 되지 않는 교육을 주말까지 나와 들어야 했다면?
상상만 해도 아찔하다!

● ● ●

배워서 '나'주는 블로그 마케팅

비즈니스센터 매니저는 센터를 홍보하기 위한 블로그 마케팅도 직접 담당하였다. 본사 마케팅팀은 센터 블로그 활성화를 위해 매일 블로그를 관리할 것을 권하였으나, 혼자서 많은 업무를 해야 하는 매니저에게 블로그는 귀찮은 업무 중 하나였고, 대부분 한 달에 한 번 정도 포스팅을 하거나 이마저도 거의 하지 않는 상황이었다.

그러나 자기창업가인 나는 블로그를 업무로 보지 않았다. 신입 매니저 교육 당시 블로그 교육도 함께 받게 되는데, 블로그 마케팅을 잘 배워두면 내가 회사를 창업했을 때 효과적인 블로그 마케팅을 할 수 있는 좋은 기회라고 생각하였다. 그때부터 블로그 검색 노출이 잘 될 만한 키워드를 직접 연구하고, 양질의 정보를 제공하기 위해 창업자들에게 필요한 정보를 찾아 공유하였다. 또한 입주하고 싶은 비즈니스센터가 되도록 입주 고객을 위한 간식을 제공하고 입주기업들의 사업을 홍보하는 등의 콘텐츠를 만들어 포스팅하였다. 그 결과 블로그 유입률이 상승하면서 센터는 처음으로 만실을 기록하였다.

블로그로 회사에서 인정받게 된 나는 모든 매니저를 대상으로 블로그 마케팅 강의를 하였고, 회사로부터 큰 보상도 받았다.

그리고 그때 배웠던 블로그 마케팅은 직장에서 뿐만 아니라 사업을 할 때도, 자기창업을 하는 지금까지도 나의 가장 강력한 마케팅 무기가 되었다.

· · ·

창업의 바다에 뛰어들다

근주자적近朱者赤이라는 말이 있다. 붉은색을 가까이하면 붉어진다는 뜻으로 주변 환경이 중요하다는 말을 뜻한다. 비즈니스센터에서 일하면서 매일 다양한 분야의 창업가를 만났다. 그들의 사업 성장 과정부터 고충까지 모든 것을 바로 옆에서 지켜볼 수 있었다. 그리고 어느순간 나는 센터 매니저에서 창업에 대해 함께 공감하고 응원해주는 동료가 되어있었다.

예비 창업가로서 먼저 창업을 한 창업가들의 생생한 경험을 들을 수 있다는 것은 엄청난 축복이었다. 매일 나는 창업을 배우기 위해 출근이 아닌 출근을 하였다.

안정적인 대기업 관두고 창업을 선택한 한 대표님의 말이 떠오른다. 25년 동안 일했지만 지금처럼 '내 일'을 할 때만큼 열정적으로 일해본 기억이 없다는 말이었다.

이제 직장에서도 열정적으로 일 할 수 있는 방법이 존재한다. 바로 자기창업을 통해 회사 일을 '내 일'로 만드는 것이다.

자기창업가는 직장을 활용하여 주변을 온통 경험과 지식을 쌓을 수 있는 환경으로 만들며 매일 스스로 성장한다.

• • •

창업스타가 되다

센터 매니저는 입주한 창업가들에게 필요한 정보를 센터 내 게시판을 통해 공유한다. 본사에서 창업 공모전이나 정부 지원사업 등의 포스터를 메일로 보내면, 인쇄하여 부착하는 시스템이었다. 당시 화장실 분실방지 잠금선반을 이제 막 출시하여 영업에 어려움을 몸소 느끼던 중 한 본사에서 보낸 한 포스터가 눈에 띄었다.

<창조경제대상 : 아이디어 창업 경진대회>
여러분의 창의적인 아이디어가 미래를 실현합니다!

'창의적인 아이디어? 완전히 나잖아! 총상금이 무려 4억 원?!'

그렇게 창업대회에 참가한 나는 전국에서 모인 3,100개의 창업 팀 가운데 최종 왕중왕전 6팀 안에 선정되어 당시 중소기업청장 상을 수상하였다. 모든 대회 과정은 〈SBS 창업스타〉라는 TV 프로그램을 통해 방영되었고, 한순간 언론보도로 유명해진 제품의 효과는 곧 매출로 이어졌다.

회사 덕분에 창업대회를 알게 되어 제품을 홍보하였고, 회사는 그런 나를 통해 비즈니스센터 매니저의 전문역량을 홍보하는 계기가 되었다. 자기창업가는 절대 직장에 헌신하거나 기대지 않는다. 대신 직장을 활용하며 함께 성장하는 쪽을 택한다.

헌신하며 기대는 동반자 vs 함께 성장하는 동반자
당신이라면 어떤 동반자와 함께하고 싶은가?

직장을 즐기다

결과보다 과정이 좋을 때, 우린 '즐긴다'는 표현을 사용한다.
나는 맥주를 즐긴다.

위 문장을 보고 '저 사람은 술 마시고 취하길 좋아하는 사람
이군!' 이란 생각을 갖는 사람은 별로 없을 것이다. 실제 나는 맥
주를 즐기며, 맥주를 마실 때 속이 시원하게 뻥 하고 뚫리는 그
순간을 좋아한다. 이처럼 즐긴다는 표현에는 결과보다 과정을 좋
아한다는 뜻이 내포되어 있다.

한 취업포털 사이트 조사에 따르면 '직장인이 현재 회사에 다
니는 이유'를 알아본 결과 60%가 생계유지, 즉 돈이라는 '결과'
때문에 회사에 다니고 있다고 답하였다. 오직 10%의 직장인만이

배우기 위해 회사를 다니고 있었다. 일을 통해 배우고 성장하는 '과정' 때문에 회사에 다니는 사람은 10명 중 고작 1명밖에 되질 않았다.

천재는 노력하는 자를 이길 수 없고,
노력하는 자는 즐기는 자를 이길 수 없다.

우리가 직장을 돈이라는 결과 때문에 다니는지, 배움과 성장이라는 과정 때문에 다니는지 알아야 하는 이유는 여기에 있다. 천재 직장인도, 노력하는 직장인도 절대 즐기는 직장인을 이길 수 없다.

아인슈타인은 특허국에서 특허 심사하는 일을 자신의 '진짜' 일을 가로막는다고 생각하지 않았다. 오히려 생산적인 즐거움으로 여겼다. (아인슈타인의 시계, 푸엥카레의 지도 중)

세계적인 물리학자 아인슈타인이
특허국 일을 즐길 수 있었던 이유는 무엇이었을까?

• • •

직장에서 배우는 자기창업가는 직장을 즐긴다

나에게 회사는 돈 받으면서 다니는 창업학교였다. 무료는커녕 심지어 돈까지 주면서 창업 방법을 알려주고 실전에 투입 시킨다. 애초부터 창업에 필요한 직장을 선택하고, 직장을 활용한 자기창업가에게 업무는 일이 아닌 창업을 배우는 과정이자 즐거움이었다.

센터의 회계를 관리할 때도 내 회사를 관리한다는 마음으로 불필요한 지출은 최대한 줄였다. 부가 수익을 창출하기 위해 일일 회원권을 만들어 판매하는 등 다양한 전략을 세우기도 했다. 점점 상승하는 센터의 수익률을 볼 때마다 본사에서 받게 될 인센티브 보다, 창업 후에 직접 하게 될 경영전략을 세우고 회사를 효율적으로 운영하는 경험을 쌓고 있다는 생각에 몹시 뿌듯했다.

고객을 응대할 때도 그냥 하지 않았다. 어떻게 하면 상담이 계약으로 이어질 수 있는지, 불만이 있는 고객을 내 편으로 만들 수 있는 방법은 무엇일지 고민하고 연구하였다. 모두 내 사업을 미리 겪는다는 생각으로 열심히 즐겁게 업무에 임했다.

배움은 여기서 그치지 않았다. 국내 창업학 박사 1호 출신인 회사의 대표님께 창업학에 대해 배우고 싶어 대학원 진학을 상담을 요청하였더니, 몇 달 뒤 사내 창업대학원이 만들어졌다. 원하는 것을 배울 수 있는 즐거움. '진짜 학교'에서도 하기 힘든 일이 직장에서 일어난 것이다. 감히 직장을 즐기지 않을 수 없었다. 직장에서 배우는 자기창업가에게 직장은 기회를 제공한다.

스스로 질문해보자.
나는 지금 배우고 있는가?
아니면 일하고 있는가?

· · ·
직장이 전부가 아닌 자기창업가는 직장을 즐긴다

비즈니스센터 입주자 중에 간혹 매니저에게 '심심해 보인다'고 하거나, '뭐가 그렇게 바쁘냐'고 물어보는 사람이 있었다. 혼자 일하는 매니저가 정말 심심해 보였을 수도 있고, 무엇이 그렇게 바쁜지 물어보는 것일 수도 있지만, 고객의 말에 어떤 한 매니저는 자신을 무시한다며 분노하였다. 또한 본사에서 조금이라도 무리한 요구를 하면 납득할 수 없다며 며칠을 방방 뛰기도 하였다.

앞에서는 함께 공감하는 척을 하였지만, 당시에는 도무지 이해할 수 없었다. '왜 이렇게 고객의 질문에 큰 의미를 둘까?', '왜 저렇게 회사에 불만이 많을까?'

나에게도 한번 같은 질문을 해보았다. '나는 왜 고객의 질문에 의미를 두지 않을까?', '나는 왜 회사에 불만이 없을까?' 그러자 답이 나왔다.

그 매니저에게 회사는 '전부'였고, 나에게 회사는 '전부가 아니었다.' 나에게는 직장 외에도 창업이란 나만의 목표가 존재하였고, 회사를 평생 다닐거라 생각하지도 않았다. 오히려 창업을 준비하는데 직장이 걸림돌이 된다면 언제든 관둘 수 있는 존재로 여겼다. 반면 그녀는 경력단절과 생계 문제로 직장이 관둘 수 없는 존재가 되었고, 그럴수록 회사에 집착하고 불만을 갖게 된 것이다.

한쪽이 다른 한쪽을 위해 희생하거나 집착하는 관계는
절대 건강한 관계가 될 수 없다.
건강한 관계는 각자로도 잘살 수 있지만,
함께할 때 더욱 즐겁고 시너지가 나는 관계이다.

직장과 나도 하나의 관계이다. 직장이 나의 전부는 아니지만, 그 안에서 즐겁게 일하고 시너지를 내야 한다. 직장에서 성공하는 것이 나의 목표가 아닌, 직장에서 경험과 지식을 쌓는 것을 목표로 일하며 성공하는 자기창업가적 태도를 가져야 한다.

• • •

즐기면 억울할 일이 없다

만약에 당신이 직장에 다니는 이유가 돈이라는 '결과' 때문이라고 가정해보자. 평생 돈을 벌기 위해 쉬지 않고 열심히 직장에 다녔고, 이제 은퇴 후 편히 살 수 있게 되었다. 그런데 뭐에 홀린 듯 갑자기 걸려 온 전화 한 통에 전 재산을 날렸다. 당신은 기분이 어떻겠는가?

말도 안 돼 보이지만 실제 보이스 피싱 전화 한 통에 평생 모은 돈 9억 원을 날린 70대 할아버지 기사를 본 적 있다. 기사 내용에는 할아버지가 직장생활을 하였는지, 직장에 다니는 이유가 무엇이었는지 나와 있지 않았다. 하지만 직장인의 60%가 돈 때문에 직장에 다니며, 평생 모은 전 재산을 보이스 피싱이나 잘못된 투자로 모두 잃었다는 최근 다수의 기사만 보아도 현실에서 충분히 일어날 수 있는 가정이다.

만약 직장을 즐기는 자기창업가가 직장생활을 하며 모은 모든 돈을 잃었다면 어떻게 될까? 돈을 잃은 슬픔이야 같겠지만, 전자처럼 자신의 일생을 모두 날려버린 듯한 허탈감과 억울함은 덜할 것이다. 직장생활 자체가 나의 성공을 위한 경험과 지식을 쌓는 즐거움이었기 때문이다. 지금 나에게 아무것도 없더라도 자기창업가는 언제든 자신이 가진 경험과 지식으로 수익을 창출할 수 있다. 급여는 경험과 지식을 쌓으면서 얻는 부산물일 뿐이다.

자식을 키울 때도 효도를 바라며 키우는 것이 아닌, 양육하는 과정 자체가 즐거워야 하고 신앙생활을 할 때도 천국에 가기 위함이 아닌, 믿음에서 오는 기쁨에 즐거워야 한다.

그래야 자식이 효도하지 않거나, 천국이 없더라도 억울하지 않는 법이다.

직장을 즐기는 자기창업가는 절대 억울할 일이 없다!

회사는 자기창업가를 원한다

미국의 케네디 대통령이 나사NASA를 방문했을 때 한 청소부를 만난 일화가 있다.

"무슨 일(역할)을 하고 있나요?"

대통령의 질문에 나이 지긋한 청소부는 이렇게 답했다고 한다.

"사람을 달에 보내는 일을 돕고 있습니다."

나사NASA의 청소부 일화는 많은 사람에게 일을 대하는 태도의 중요성을 알게 해주었다. 그는 자신의 업무를 제한하지 않는 자기창업가적 태도를 지녔다. 자기창업가는 현재 내가 회사에서 무슨 일을 하든, 어떤 위치에 있든 중요하지 않다. 자기창업가의 진정한 가치는 현재 내가 속한 회사의 업무와 직급이 아닌 나의 경험과 지식으로 성공하는 것에 있다. 그렇기에 주어진 직급보다 넓은 견해로 일하며, 주어진 업무보다 높은 결과물을 창출한다. 청소하면서도 인간을 달에 보내는 일을 돕고 있다고 답할 수 있는 사람은 오직 자기창업가 뿐이다.

• • •

대체 불가능한 자기창업가

세상의 모든 성공은 대체 불가능에서 온다. 사업의 성공도, 아티스트의 성공도, 모두 나를 대체할 수 있는 존재가 없을 때 큰 성공을 이룬다. 이러한 성공 공식은 직장에서의 성공에도 적용된다. 나를 다른 직원으로 대체할 수 없을 때 비로소 나의 가치가 빛을 발하게 된다.

직장에서 대체불가능한 존재가 되려면 과연 어떻게 해야 할까? 답은 직장인처럼 일하지 않는 것에 있다. 주변에 가장 열심히 일하는 사람을 꼽으라면 그건 아마 창업가 일 것이다. 창업가는 잠자는 시간을 제외한 아니 꿈에서조차 일하는 사람이다. 동시에 가장 빛나게 일하는 사람이다. 이처럼 가장 열심히 일하면서 빛나는 창업가의 비결은 '내 일'에 있다. 누가 알아주지 않아도 급여를 받지 않아도 내 일을 한다는 것 하나만으로도 창업가는 무한동력을 갖게 된다. 아이러니하게도 직장에서 급여와 승진으로부터 자유로워지는 순간 성공에 가까워진다. 급여와 승진이 중요한 직장인이 아닌 나를 위한 경험과 지식을 쌓는 '내 일'을 하는 순간 대체 불가능한 성공이 뒤따른다. 직장에서 창업가처럼 온종일 일하라는 말이 아니다. 직장의 업무를 '나의 일' 즉, 나의 경험과 지식을 위한 일로 만들라는 것이다.

나는 직장생활 5년 동안 매년 한 해를 대표하는 우수매니저 상을 받았다. 한번 받기도 어려운 상을 연속으로 받을 수 있었던 이유를 묻는다면, 나는 주저 없이 '회사가 시키지 않은 일'을 했기 때문이라고 말한다. 그리고 그것이 나를 대체 불가능한 직원으로 만들어주었다.

회사 업무를 회사를 위한 업무가 아닌 경험과 지식을 쌓는 나를 위한 일로 만들면 절대 주어진 일만 할 수 없게 된다. 그것이 창업가가 하루에 18시간을 일하면서도 항상 빛나는 이유이자 직장에서 성공하는 자기창업가의 비밀이다.

• • •

회사는 자기창업가를 원한다

창업을 직접 해보니 회사에서 직원을 한 명 고용하는 게 절대 쉬운 일이 아니란 걸 알게 되었다. 회사는 직원을 채용한 순간 그 사람을 오롯이 책임져야 한다. 일이 없어도 업무를 주어야 하며, 매출이 없어도 급여를 주어야 한다. 회사는 이 모든 위험을 감수하며 직원을 채용하는 것이다. 대부분에 직장인은 회사가 잘 될 때 직원에게 주는 보상만 바라지만, 직장인이 정말 보아야 할 것은 위험을 감수하며 나에게 업무와 급여를 제공하는 회사를 알고 감사해야 한다. 또한 그런 회사가 위험해지지 않도록 직접 일을 만들고 수익을 창출해야 한다.

회사가 배라면 직원은 배가 나아갈 수 있도록 노를 젓는 선원이다. 선장이 지시한 대로 노만 젓는 선원도 있으나, 장차 선장이 되기 위해 혹은 배 전문가가 되기 위해 선원이 된 자기창업가는 어떻게 하면 노를 효율적으로 저을 수 있을지 고민하고 방안을 제시한다. 그리고 선장 위치에서 볼 수 없는 배의 문제점을 찾아 나눈다. 자기창업가 선원은 더 이상 선원이 아니다. 선장이 고민이 생겼을 때 함께 의논하고 전략을 세우는 동료가 되며, 배에 필수로 승선하는 주요 인력이 된다.

자기계발과 성공학의 아이콘 나폴레온 힐은 20년 동안 세계 최고의 성공자 507명을 만나 그들의 성공에 대해 연구했다. 그가 연구한 다양한 성공 법칙 중 가장 눈에 띄는 것이 하나 있는데 바로 '보수보다 많은 일을 하는 습관'이다. 보수보다 많은 일을 하면 그 분야의 전문가가 되어, 나의 가치가 높아지고 그에 따른 보상이 따라온다고 말하였다.

성공하고 싶은가? 그렇다면 보수보다 많은 일을 하고, 보수 이상의 수익을 창출시켜야 한다. 나의 경우 입사 후 5년 동안 급여가 무려 3배나 올랐다. 창업학을 공부하고 싶다는 직원(나)의 말에 대표님이 사내 창업대학원까지 만들어준 건 모두 내가 보수보다 많은 일을 하는 자기창업가 이기에 가능한 일이었다.

회사는 항상 보수를 위해 일하는 직원이 아닌, 경험과 지식을 목표로 일하는 자기창업가를 원한다.

2장

일하며 쌓은 '경험과 지식'을 나눠라

사업으로 성공하는
자기창업가

· · ·

대표님은 왜 사업을 하지 말라고 하세요?

지금도 나에게 가장 무서운 것은 사업이다. 사업은 마치 지뢰밭 길을 지나는 것과 같다. 내가 컨트롤할 수 없는 위험이 곳곳마다 도사리고 있는 지뢰밭 길. 이러한 지뢰밭 길을 건너기 위해서는 〈지뢰밭이 어떤 곳인지, 내가 지뢰밭을 건널 수 있는 사람인지, 지뢰밭을 왜 지나야 하는지〉가 명확해야 한다. 명확하지 않다면 지뢰밭 길은 곧장 죽음의 길이 된다.

왕관을 쓰려는 자, 그 무게를 견뎌라 라는 셰익스피어의 말처럼 사업으로 성공하려면, 먼저 사업을 성공시킬 수 있는 사업가가 되어야 한다. 하지만 대부분에 사람들은 사업을 선택할 때 무게가 아닌 왕관을 본다. 그리곤 처참히 무게에 짓눌린다.

사람들은 안정적인 직장에 들어가기 위해서는 오랜 시간을 공부하고 준비하면서, 정작 온갖 위험이 도사리는 사업을 하기 위헤서는 오직 자신의 직감만을 믿는다.

유명 연예인들이나 주변의 사업 실패 경험을 보고 들으면서 나는 어떻게든 (잠재적) 사업가들에게 알려야 했다. 사업은 누구나 할 수 있지만, 아무나 성공할 수 없으며, 모든 것을 다 잃고 나서 야 비로소 끝이 난다는 무서운 사실을.

타인의 성공보다 실패에서 배움을 얻어라.
성공은 수많은 요인에 기인하지만
실패는 하나의 공통된 이유가 있다.
- 마윈

2015년 전국 3,000여개의 창업 팀이 참가한 창업대회에서 〈공중화장실 분실방지 선반〉으로 최종 6팀에 선정되어 수상하였다. 메인 뉴스를 비롯한 각종 언론매체에서 인터뷰를 요청하였고, 매일 사업 제안이 쇄도하였다. 동시에 나의 성공스토리를 듣기 위해 여러 창업 기관과 대학교에서 강연을 요청하였다.

하지만 당시 나는 대회에서 성공했을 뿐 사업에 성공한 것이 아니었다. 또한 2년 동안 제품개발 시행착오를 겪으면서, 사업의 변수와 위험을 뼈저리게 느꼈기 때문에 그 누구에게도 사업을 권유하거나 "나처럼 사업하세요"라는 말을 할 수 없었다.

고민 끝에 나는 그들에게 왕관의 영광이 아닌 무게를 보여주기로 했다. 내 동생이 사업을 하게 된다면 꼭 알려주고 싶은 사업의 시행착오와 현실을 공유하기로 한 것이다.

첫 강연은 예비 창업자 100여 명을 대상으로 하였다. 어찌나 떨렸는지 무대에 오르면서부터 내려올 때까지 블랙아웃이 되어 지금도 어떻게 강연하고 내려왔는지 기억이 나지 않을 정도이다. '다시는 강연을 하지 말아야지'라며 자책하던 나에게 한 통의 메일이 왔다.

'대표님 덕분에 사업을 다시 준비하게 되었습니다!' 사업을 하기 위해 직장 동료와 함께 회사를 관두고 사업을 준비 중이었던 그는 강연을 들은 후 자신이 사업을 얼마나 쉽게 생각했었는지 깨달았다며 감사 인사가 담긴 메일을 보내왔다.

처음 하는 강연이라 떨렸을지라도 나의 진심은 그대로 전해진 듯했다.

• • •

사업으로 성공하는 자기창업가

첫 강연 이후 내 삶에도 변화가 찾아왔다. 아무것도 없던 내가 시행착오를 겪으며 도전하는 모습에 용기를 받은 사람들로 부터 강연 평가가 높게 나왔고, 그만큼 많은 강연의 기회가 생겼다. 범접할 수 없을 정도로 성공한 사업가의 성공스토리 보다, 아이디어 하나로 고군분투하며 겪은 사업의 시행착오 '경험'이 예비 창업가들에게 더욱 큰 공감과 용기를 불러일으킨 것이다.

이후 창업의 전문성을 높이기 위해 관련 자격증 취득하고 창업대학원을 진학하여 '지식'을 쌓았다. 그러자 강연 외에도 강의와 컨설팅, 심사, 기관 프로젝트 등을 맡으며 창업 전문가로서의 역량을 갖추었다. 나의 경험과 지식을 나누자 사업을 할 때보다 훨씬 높은 수익을 창출하게 되었다. 사업보다 사업의 경험과 지식으로 성공하게 된 것이다.

나는 실패하지 않았다.
단지 효과가 없는 10,000가지 방법을 발견했을 뿐
- 토머스 에디슨

자기창업가는 절대 사업으로 실패하지 않는다. 사업에 위험을 겪더라도 포기하거나 좌절하지 않는다. 오히려 위기를 기회로 만드는 경험과 지식을 쌓아 성공에 이른다.

창업가는 위험을 감수(받아들이다)하지만,
자기창업가는 위험을 감수(감독하여 지킨다)한다.

사업으로 성공하고 싶은가?

그렇다면 사업의 결과가 어떠하든 반드시 성공하는

자기창업가가 먼저 되어라.

기록하며 경험을 쌓다

"기록되지 않은 것은, 기억되지 않는다"

나의 첫 번째 사업 아이템인 분실방지용 화장실선반은 무려 2년 동안 시행착오 끝에 개발에 성공하였다. 위험 부담이 큰 제조업을 하며 금형(규격이 동일한 제품을 대량 생산하기 위해 금속재료를 사용해 만든 '틀')을 몇 차례나 수정하며 자금난을 겪었고, 생산한 재고를 판매하지 못해 좌절하기도 하였다.

나름 직장에서 창업을 준비하고 시작한 사업이었지만, 사업을 처음 시작한 창업가에게 사업은 그리 호락호락하지 않았다. 그래서인지 사업을 하는 과정은 늘 아쉬움의 연속이었다. '아 이걸 내가 미리 알았다면 좋았을 텐데'

내가 겪은 시행착오를 다른 사람들은
절대 겪지 않도록 만들자!

그때부터 나는 사업을 하며 겪은 경험을 기록하기 시작했다. 시제품을 만들고 테스트하며 겪은 시행착오를 사진으로 남기고, 글로 정리하는 과정을 반복하였다. 그러자 사업 기획부터 사업화, 특허, 자금조달, 마케팅 등 사업 단계별로 나만의 창업 전략을 갖게 되었다. 나의 모든 경험을 기록하며 자산을 쌓은 것이다.

이처럼 기록하며 쌓은 경험은 지금의 나를 만들어 주었다. 나를 기록하자 나만의 스토리가 생겼고, 스토리는 나에게 수많은 기회를 가져다주었다.

인생은 곱셈이다.
어떤 기회가 와도 내가 제로면
아무런 의미가 없다.

– 나카무라 미츠루

• • •

실패가 실패로 끝나지 않는 힘

경험을 기록하며 쌓는 가장 큰 장점은 실패가 실패로 끝나지 않는다는 점이다. 직장은 Give & Take가 확실했다. 열심히 일한 만큼 경력도 쌓이고 급여도 올랐다. 반면 나에게 사업은 Give &

Give였다. 돈과 시간 가진 전부를 투자하였지만 성과가 없다면 남는 것 또한 없었다.

만약 사업의 경험을 기록하지 않았다면 시행착오는 실패로 남았을 것이다. 하지만 기록하는 순간 시행착오는 실패가 아닌 자산이 되었다. 기록하지 않았다면 기억하고 싶지 않았을 실패가 기록을 통해 자산으로 재탄생하게 된 것이다.

• • •

쌓고 기록하기 vs 기록하며 쌓기

언뜻 보면 같은 말처럼 보이지만, 기록하며 쌓는 경험과 지식에는 크게 3가지 특징이 있다.

첫째, 성공을 확신하다

이미 쌓은 경험을 기록하는 것은 누구나 할 수 있다. 반면 지금 당장 필요하지 않더라도 내가 경험을 할 때마다 그 순간을 기록하는 것은 아무나 하지 않는다. 자신의 성공을 확신하는 사람 외에는.

나 역시 사업의 시행착오를 나누기 위해 경험을 기록하기 시작하였지만, 그 배경에는 성공에 대한 확신이 있었다. 그렇기에 나의 성공을 극적으로 만들어 줄 시행착오를 감추거나 부끄럽게 여기는 대신 성공의 발판으로 삼아 나눌 수 있었다.

둘째, 성공을 준비하다

이미 쌓은 후에 기록하는 경험은 과거에 있다. 타임머신을 타지 않는 이상 과거의 나로 돌아가 그때의 나는 무엇을 깨달았고 배웠는지 자세히 기록하기엔 한계가 있다. 가장 큰 한계는 당시 모습을 사진이나 영상으로 기록할 수 없다는 점이다.

그러나 기록하며 쌓는 자기창업가의 경험은 현재에 있다. 사업의 어떤 시행착오를 겪었는지, 어떻게 제품을 홍보하였는지 사업의 모든 과정을 사진과 영상, 글로 기록하며 생생하게 경험을 쌓을 수 있다는 장점이 있다.

셋째, 성공에 가까워지다

경험을 기록하다 보면 놀라운 변화가 생긴다. 평소 같았으면 포기하고 좌절하였을 상황에도 '성공하는 나라면 이렇게 행동해야겠지?'라며 평범에서 비범한 드라마 속 주인공이 되어 성공에 가까워지는 선택을 하게된다. 거짓말 같다면 당장 오늘부터 나의 경험을 하나씩 기록하며 쌓아보길 바란다. 처음엔 단순하게 경험을 기록했다면, 나중엔 기록하기 위한 경험을 쌓는 나를 발견할 것이다.

나의 경험을 기록하며 쌓아가는 것. 그것이 나의 성공을 확신하고, 성공을 준비하며, 성공에 가까워지는 자기창업가가 경험을 쌓는 방법이다.

바로 활용하는
지식을 쌓다

지식에 대한 투자가 언제나 최고의 이윤을 낸다.

- 벤자민 프랭클린

SBS 창업스타 보도 이후 수많은 학교와 기관에서 창업경험을 나누어달라는 요청을 받았다. 비즈니스 센터에 취업하여 창업을 준비한 경험, 창업의 시행착오를 겪은 경험, 대회 입상 경험 등 다양한 창업 경험을 나누었다. 아이디어 하나만 갖고 도전한 고군분투 창업 스토리는 많은 사람들에게 흥미를 주었다. 하지만 회를 거듭할수록 규모가 커질수록 점점 자신감이 없어졌다. '내가 하는 말이 맞는 말일까?', '내 말이 틀리면 어떡하지?' 지식이 없는 경험에는 한계가 존재하였다.

지식으로 완성되는 자기창업

창업학을 공부하기 전까진 창업에 가장 중요한 것은 이론이 아닌 실전 경험이라고 생각하였다. 그 어떤 유명한 교수의 수업이라 할지라도 창업은 책상이 아닌 세상에서 배워야 한다고 생각했다. 하지만 그 생각은 청개구리에 이어 우물 안 개구리와 같은 생각이었다. 이론은 수많은 사람의 실전 경험이 쌓여 만들어진 결과물이었다. 창업가가 성공하기 위해 가져야 하는 창업가정신을 비롯한 사업 성공을 위한 비즈니스모델 설계 등은 창업가라면 반드시 알아야 할 지식이었다. 학자들이 오랜 기간 연구 끝에 발표한 이론을 단 몇 시간 혹은 며칠 만에 습득할 수 있다는 건 공부하는 사람만이 얻을 수 있는 엄청난 행운인 것이다.

경험만 쌓았을 때와는 다르게 지식을 함께 쌓는 순간 자신감이 생겼다. 여우가 호랑이의 힘을 자신의 힘으로 만든 것처럼, 저명한 학자들의 지식을 습득한 순간 그들의 지식은 곧 나의 지식이 되었다.

같은 콘텐츠라 할지라도 직접 겪은 사업 시행착오 경험만 전하였을 때보다, 시장이 원하는 제품과 서비스를 만들기 위한 린 스타트업 전략 지식을 함께 전할 때 비로소 공감과 설득을 시킬 수 있었다.

"마음의 문을 여는 손잡이는 안쪽에만 있다"

- 게오르크 헤겔

《공감하면 사람은 90%가 바뀐다》에서 저자 문충태는 '설득은 마음 밖에서 문을 여는 것, 공감은 마음 안에서 문을 여는 것'이라 말한다. 마음을 여는 손잡이는 문 안쪽에만 있으며, 그 문을 여는 방법은 내 이야기에 공감하여 스스로 문을 열고 나오게 하는 것임을 강조한다.

자기창업가가 경험과 지식으로 성공하는 이유는 여기에 있다. 경험은 공감을, 지식은 설득의 역할을 한다. 공감만 시켜서도, 설득만 시켜서도 세상을 바꾸긴 어렵다.

경험을 통해 공감을 이끈 후 지식으로 설득하는 과정을 통해 세상을 바꿀 수 있는 것이다.

경험을 쌓는 게 설득의 시작이었다면, 지식을 쌓는 것은 설득의 완성이다.

• • •

바로 활용하는 지식의 힘

성인이 되어 시작한 공부는 학생일 때 한 공부와는 비교할 수 없을 정도로 흥미로웠다.

1장에서 직장을 선택하고 활용하고 즐겼던 것처럼 성인이 되어 시작한 공부 또한 주어진 과목을 공부해야 하는 것이 아닌 내가 선택한 분야를 공부할 수 있었고, 공부한 지식을 바로 활용하며 즐길 수 있었다.

학생 때처럼 공부가 의무가 아님에도 자신의 돈과 시간을 들여 지식을 쌓는다는 건 절대 쉬운 일이 아니다. 본업을 하는 것만으로도 매일 서바이벌인데, 누가 시키지도 않는 지식을 쌓게 된 힘은 무엇이었을까?

바로 학생 때와 다르게 지식을 바로 활용할 수 있다는 점이다. 처음 창업 공부를 시작한 건 창업의 전반적인 프로세스와 이론을 이해하기 위한 창업보육전문매니저 자격증 취득이었다. 자격증을 취득하여 취업하거나 승진하기 위함이 아닌, 사업을 운영하는 데 도움이 되고 전문성을 쌓기 위한 공부를 하였다. 덕분에 공부하는 내내 감탄의 연속이었다. '사업 운영에 이토록 많은 걸 놓치고 있었다니!', '예비 창업가들에게 이걸 알려줬어야 했는데!' 어느 순간부터 자격증 취득 여부는 나에게 중요하지 않았다. 그보다 더 값진 바로 써먹을 수 있는 무기를 획득했기 때문이다.

창업대학원 입학 또한 같았다. 창업가로서 창업 전문가로서 창업학에 대해 깊이 배우고, 다양한 창업 분야의 사람들과 네트워킹하며 창업학을 연구하고 싶었다. 학위가 아닌 학문을 위해 공부하였고 적극적으로 수업과 행사에 참여하였다. 그 모습에 여러 교수님과 학우들로부터 다양한 창업 교육을 할 수 있는 기회를 얻게 되었고, 교육을 진행하면서 대학원 수업은 더욱 나를 성장시켰다.

하지만 가장 효과적인 공부는 따로 있었다. 자격증이나 학위 취득도 전문성을 나타내는 데 큰 도움이 되었지만, 가장 창업에 대해 깊이 고민하고 사고가 열리게 된 계기는 바로 독서였다. 한참 창업을 공부할 때 나는 책 목록에 '창업'을 검색하여 제목에 창업이 들어간 책을 모두 읽었다. 그리고 지금까지 책으로 쌓은 지식은 나의 가장 큰 자산이 되었다.

지식은 경험으로 직접 쌓을 수 없는 다양한 한계를 보완하는 역할을 한다. 동시에 경험가에서 전문가로 거듭나는 열쇠가 된다.

경험과 지식을 나눠라

나눌^{divide} 것인가?

나눌^{share} 것인가!

'나누다'에는 크게 두 가지 의미가 있다. 분배^{divide}와 공유^{share}. 사업을 할 때 나눔은 늘 분배였다. 제품의 재고가 한정되어있기 때문에 샘플이나 테스트 설치가 필요할 때면 재고의 일부를 분배하여 제공해야 했다. 사업의 나눔에는 늘 한계가 존재하였다.

반대로 경험과 지식을 나눌 땐 한계가 없었다. 나의 경험과 지식을 나눈다고 해서 내 경험이 사라지거나, 지식이 줄어들지 않았다. 오히려 사람들과 나눌수록 경험과 지식은 계속 발전하였다. 공유할수록 사람들이 원하는 게 무엇인지, 어떻게 전달해야 효과적인지 확인하고 검증할 수 있었다. 경험과 지식의 나눔에는 재고의 한계는커녕 성공에 가까워지기만 하였다.

• • •

주변에 나눠라

오랜 취업 준비 끝에 원하던 기업에 입사한 친한 동생을 만났다. 마냥 기뻐야 할 동생의 얼굴엔 근심이 가득했다. 막상 입사하고 나니 상사 눈치만 보고 주어진 업무만 한다며 투덜거렸다. 그런 동생에게 직장의 일을 나의 일로 만들어 결과적으로 나도 회사도 함께 성장했던 자기창업가적 태도에 대해 알려주었다.

이후 동생으로부터 연락이 왔다. 그날 이후 회사 업무가 주어진 일이 아닌 '내 일'이 되었고, 그 결과 상사의 눈치로부터 자유로워졌다는 소식이었다.

"언니가 알려준 방법 정말 대박이야!"

동생의 전화를 받고 사업의 시행착오뿐만 아니라, 직장에서의 성공 또한 세상에 필요한 콘텐츠가 될 수 있다는 생각이 들었다. 그리고 직장에서 성공하고 사업으로 성공하는 〈자기창업〉 콘텐츠가 완성될 수 있었다.

누구나 가족 혹은 주변 사람에게 유독 내 생각을 많이 전달하는 분야가 있을 것이다. 직장이나 사업뿐만 아니라, 취미, 인간

관계, 연애, 여행, 요리 등 삶의 모든 영역 중에서 내가 경험했으면서 해결책을 제시하는 지식을 가진 분야가 있다면, 그것이 바로 나의 창업 아이템, 콘텐츠가 된다.

경험과 지식으로 성공하는 자기창업가는 주변 사람을 만날 때에도 그냥 만나지 않는다. 내가 사람들에게 무엇을 줄 수 있는지, 어떻게 전달해야 하는지 고민하며 나누기 위해 만난다.

• • •

무료로 나눠라

주변에 나의 경험과 지식을 나누며 콘텐츠로서 가능성을 확인하였다면, 이제 무료로 나누며 홍보할 차례이다.

2015년 '공중화장실 분실방지용 선반 겸 잠금장치' 제품이 이슈화되면서 방송국을 포함한 여러 기관과 학교에서 경험과 지식을 나눠달란 요청을 받았다. 하지만 그 이슈도 오래가진 못했다. 기회를 기다리는 것을 넘어 기회를 만들어야 했다.

그때부터 경험과 지식을 무료로 나누기 시작했다. 교수님들을 찾아가 창업 강의 중 실전 창업 시행착오를 무료로 나눌 수 있는지 제안하였고, 주변 사람들에게 금액에 상관없이 창업 경험과 지식을 나눈다며 알렸다. 그렇게 뿌려둔 씨앗은 오래 지나지 않아 결실을 가져다주었다. 무료로 한 강의 평가가 좋아 매 학기 유료특강을 진행하게 되었고, 교육 분야에 있지도 않은 친구가 지인에게 나를 소개하며 여러 기회를 가져다주었다.

급여가 목표가 아닌 경험과 지식을 쌓는 것을 목표로 일하면 높은 급여가 따라오는 것처럼, 경험과 지식을 나눌 때도 보수가 목표가 아닐 때 더욱 높은 보수를 받게 된다.

무엇을 하던
자기창업가가 되어라

자기창업가의 목표는 경험과 지식에 있다. 사업을 하다가 시행착오를 겪더라도 실패한 경험과 극복한 지식을 창업 아이템, 자산으로 만들어 수익을 창출한다.

반대로 경험과 지식을 쌓기 위해 사업을 하며 성공할 수도 있고, 직장의 경험과 지식을 나누며 수익을 창출할 수도 있다. 중요한 건 직장과 사업이 아닌 무엇을 하든 '경험'과 '지식'이 목표가 되어야 한다는 점이다.

• • •

누구나 자기창업가가 될 수 있다

지식의 저주The Curse of knowledge에 대해 들어보았는가? 지식의 저주는 자기가 알고 있는 지식을 다른 사람도 알 것이라는 고정관념에 매몰되어 나타나는 인식의 왜곡cognitive bias을 의미한다.

운전경력이 오래된 사람이 초보운전자에게 운전 연수를 해줄 때 오히려 더욱 어려워하는 것과 같다. 운전할 때 필요한 기본적인 지식을 초보운전자도 당연히 알고 있을 거란 지식의 저주에 빠지는 것이다.

가까운 예를 대학교 수업에서 찾아볼 수 있다. 많은 교수들은 고학년보다 저학년, 특히 1학년 신입생을 가르치는 수업에서 더 애를 먹는다. 이미 지식의 경지에 높이 오른 교수들로서는 새로운 지식을 터득하면서 겪는 어린 학생들의 어려움을 제대로 실감하기가 쉽지 않은 것이다.

이미 지식이 있다면 그 지식을 모르는 상태가 어떤지 알기 어렵다. 지식의 저주는 자기창업을 방해하는 가장 큰 적이다. '내 경험이 누구에게 도움이 되겠어?', '이것도 모르는 사람이 있겠어?'라며 당신의 경험과 지식을 과소평가하도록 만들기 때문이다.

사업을 하며 겪은 시행착오 경험과 지식을 나누면서 가장 많이 들었던 생각은 '내 경험이 누군가에게 큰 도움이 되구나', '이걸 모르는 사람이 많았구나'였다. 지식의 저주에서 벗어나 오직 두가지만 기억하라.

'내가 아는 것을 대부분에 사람들은 모르고 있다', '나의 경험과 지식은 내 생각보다 더욱 놀라운 가치를 갖고 있다'

최고의 아이템으로 창업하는 자기창업

창업기업의 가치를 평가할 때 가장 중요하게 보는 건 무엇일까? 여러 가지 요소가 있겠지만 한 가지만 선택해야 한다면 '창업자의 역량'을 꼽을 수 있다. 사업을 시작한 지 얼마 안 된 창업기업의 경우 일반적인 기업평가 방법인 매출이나 자산으로 가치를 평가하기 어렵다. 따라서 기업을 운영하는 창업자가 해당 아이템과 관련하여 얼마나 전문성, 즉 경험과 지식을 갖추고 있는지를 평가한다.

그런 의미에서 경험과 지식으로 창업하는 자기창업은 가히 최고의 창업이라 말할 수 있다. 창업자의 전문역량인 경험과 지식 그 자체가 아이템이 되어 창업하기 때문이다.

기회형 창업의 경우 자신이 포착한 사업 기회를 바탕으로 선택적 창업을 한다. 문제는 생계형 창업이다. 사업 기회를 포착한 게 아닌 생계를 위해 어쩔 수 없이 창업 하는 경우이다. 이런 생계형 창업의 경우 대부분이 퇴직자로 평생 일하며 쌓아온 경험과 지식은 온데간데없고 기존에 했던 일과 전혀 다른 업종으로 창업한다.

창업은 내가 가진 모든 역량을 쏟아부어야 한다. 내가 가진 능력을 모두 발휘하더라도 성공하기 어려운 것이 바로 창업이다. 제아무리 대박 아이템이라도 내가 그 분야의 경험과 지식이 없다면 그건 내가 성공시킬 수 있는 아이템이 아니다. 제발 내가 가진 가장 성공할만한 아이템으로 창업하라. 남들이 절대 따라 할 수 없고, 나의 역량을 가장 잘 발휘할 수 있는 최고의 창업 아이템인 경험과 지식으로 자기창업하라.

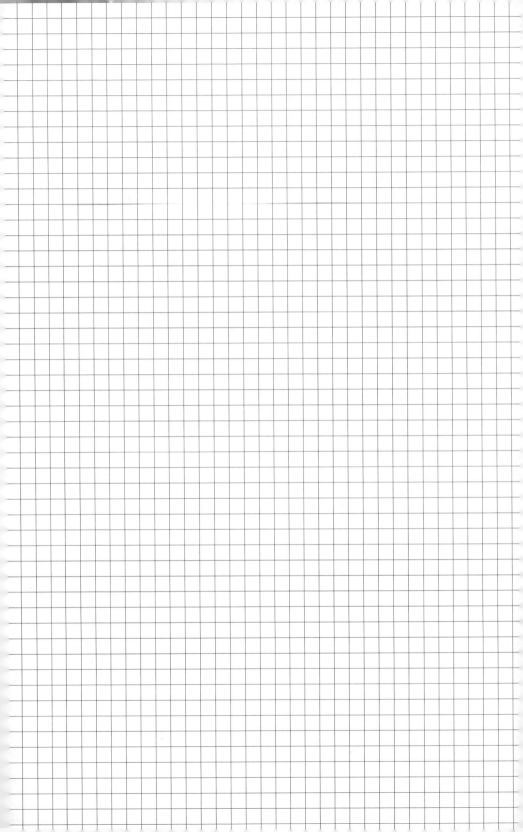

PART 2

경험과 지식으로
창업하다

· · ·

절대 망하지 않고 평생 성공하려면
그 누구도 따라할 수 없는
가장 가치있는 것으로 창업하라.

한눈에 보는 자기창업

자기창업 (자기창업가)	1단계 : 경험과 지식이 목표가 되다.	
	2단계 : 경험과 지식을 쌓다.	
	3단계 : 경험과 지식을 나누다.	
1인기업 (자기창업자)	4단계 : 비즈니스모델로 콘텐츠를 설계하다.	
	5단계 : 콘텐츠로 수익을 창출하다.	
	6단계 : TPR습관으로 평생 성장하다.	
7단계 : 자기창업가정신으로 평생 성공하다.		

1장

1인기업으로
나를 창업하다

1인기업?
세상에 이런 일이!

"대표님 1인기업 강의도 가능하실까요?"

가끔 강연을 진행했던 기관으로부터 위와 같은 새로운 강의 주제를 제안받기도 하였다. 선택과 집중 그리고 무엇보다 내 강의를 청강할 사람들을 위해 내가 잘할 수 없을 것 같은 주제는 정중히 거절하는 편이다.

사실 강의안을 새로 만드는 것 또한 여간 어려운 일이 아니다. 누군가에게 지식을 전달하기 위해선 강의 시간의 몇십 배 이상의 시간과 노력, 전문성이 필요하기 때문이다. 또한 오랜 시간 힘들게 준비하더라도 해당 주제로 강의를 많이 하지 않는다면 투자한 시간과 노력 대비 보상이 크지 않을수도 있다.

그러나 그 반대의 경우도 있다. 나의 경험과 지식이 주제와 만났을 때 더욱 빛을 발하며 시너지를 내는 경우이다. 이러한 주제는 강의안을 기획하는 단계부터 몹시 설렌다. 강의를 준비하면서 새로운 분야를 공부하고, 나의 경험과 지식이 더해져 강의 준비를 통해 나 스스로가 변화되기 때문이다.

1인기업이 나에게 바로 그런 주제였다.

· · ·

1인기업?

> ### 1인기업
>
> 자신의 기능을 상품화하여 판매하는 비즈니스모델을 구축하고 매출을 올리는 업

1인기업에 대해 알기 위해서는 먼저 2가지 차이를 알아야 한다. 첫 번째로는 일반기업과 1인기업의 차이다. 일반기업은 제품이나 서비스를 판매하는 반면 1인기업은 '나' 자기 자신의 경험과 지식을 상품화하여 판매한다.

두 번째는 바로 프리랜서와 1인기업의 차이다. 이는 장사와 사업의 차이와 같다. 프리랜서는 직접 일을 해야 돈을 벌 수 있는 장사의 개념에 가까운 반면, 1인기업은 '나'로 하는 사업이다. 그렇기 때문에 일하지 않아도 수익을 창출할 수 있는 시스템, 즉 비

일반 창업 프로세스

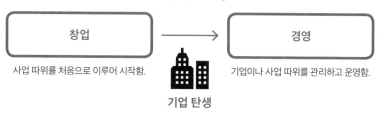

자기창업 프로세스

즈니스모델과 주어진 일이 아닌 직접 스스로 일을 만든다는 특
징을 가지고 있다.

• • •

1인기업, 세상에 이런 일이!

1. 시간에 자유롭다.
2. 장소에 자유롭다.
3. 상사와 직원이 없어 자유롭다.
4. 고정비가 없어 자유롭다.
5. 재고가 없어 자유롭다.

언뜻 보면 마치 일이 없는 사람처럼 보이겠지만, 이는 '자유로운 업무' 스타일을 가진 1인기업의 특징이다. 출퇴근 시간을 자유롭게 정할 수 있으며, 어디에서 일할지조차 내 마음대로 정할 수 있다. 일하는 시간과 장소에 구애받지 않으며 내가 편한 시간에 집 혹은 여행지 그 어디에서든지 일하며 돈을 벌 수 있다.

또한 나에게 하기 싫은 일이나 눈치를 주는 상사 혹은 내가 급여를 주어야 하는 직원이 없다. 따라서 의견 차이에서 오는 스트레스나 사람을 관리하는 일에서 해방된다. 내가 원하는 사람과 나에게 필요한 프로젝트로 함께 일하며 관계를 맺을 수 있다.

그리고 가장 중요한 고정비나 재고와 같은 위험이 없다. 매달 발생하는 사무실 임대료나 관리 유지비가 없으며 재고를 쌓아두고 언제 팔릴까 조바심을 낼 일이 없다. 고정비와 재고가 없는 나로 하는 사업에는 그 어떤 위험도 존재하지 않기 때문이다.

당신은 세상을 변화시키기 위해 태어났다.
세상을 변화시키는 가장 좋은 방법은 자신의 경험과 지식을 이용해 다른 사람들이 성공하도록 돕는 것이다.
– 브렌든 버처드

강의를 준비하면서 1인기업의 매력에 푹 빠져들었다. 아이디어 제품으로 세상을 변화시키겠다는 목표에서 그 어떤 상품도 아닌, 세상에 하나밖에 없으며 평생 변하거나 배신하지 않을 '나'라는 상품으로 세상을 바꾸고 싶어졌다.

제품명이 아닌 내 이름을 알리고, 제품개발이 아닌 나에게 투자하고 성장하는 삶. 고객을 편리하게 만드는 것을 넘어 고객이 성공하도록 만들고 싶었다.

'자유'와 '나' 이것이 바로 내가 창업가에서 자기창업가로 1인기업을 선택한 이유였다.

그리고 나의 인생을 바꿔준 1인기업 강의는 학생들의 반응이 너무 좋은 나머지 다음 강의 분량을 무려 3배나 늘려달라는 추가요청을 받게 되었다. 강사 자신을 변화시킨 강의는 청중들을 변화시키지 않을 수 없었다.

기업 말고, 1인기업

1인기업 강의를 위한 관련 서적을 찾던 중 《1인기업을 한다는 것》이라는 제목의 책이 눈에 들어왔다. 저자는 연 매출 1,600억 원 종업원 300명 규모의 기업을 매각하고 1인기업을 선택하였다. 시간에 자유롭고, 고정비 부담이 없으며, 직원과의 갈등 없이 돈 버는 삶을 선택한 것이다. 20살 때부터 시작하여 오랜 경험 끝에 마침내 이룬 사업의 성공. 천억 원 대의 매출과 수백 명의 직원을 얻은 그는 왜 모든 것을 포기하고 1인기업을 선택했을까?

과연 당신이라면 연 매출 1,600억 원의 기업을 포기하고 1인기업을 운영하겠는가?

직장인이라면 저자의 선택이 말도 안 된다고 생각할 것이다.

1인기업은 누구나 마음만 먹으면 시작할 수 있는 반면, 연매출 1,600억 원 종업원 300명 규모의 기업은 누구나 마음먹었다고 해서 만들 수 있는 것이 아니기 때문이다.

하지만 사업을 경험해본 사람이라면 이야기가 달라진다. 저자의 선택을 이해할 수 있을 것이다. 나는 사업을 운영했던 7년 동안 하루도 마음이 편했던 적이 없었다. 오죽하면 카페에 앉아서 여유롭게 커피를 마시는 것이 소원일 정도였다. 사업의 규모가 작으면 작은 대로, 크면 큰 대로 사업 곳곳에 위험이 도사리고 있었다.

직장인일 때에는 내가 속한 부서의 일만 하고 문제를 해결하면 됐다. 하지만 사업가는 모든 부서의 문제가 모두 '나'의 업무가 된다. 더욱 놀라운 사실은 회사 내부 문제뿐만 아니라 내가 컨트롤 할 수 없는 외부 위험이 매일 나를 기다리고 있다는 점이다.

물론 사업의 장점도 많다. 가장 큰 장점은 큰돈을 벌 수 있다는 점일 것이다. 하지만 대부분에 사람들이 사업의 장점만 보고 사업을 시작하는 경우가 많다. 언론매체나 주변에서 들려오는 사업 성공 경험을 마치 신데렐라스토리의 해피엔딩처럼 여기는 것이다. 그러나 신데렐라 스토리의 마지막인 결혼식만 봐서는 절대 해피엔딩이라 단정지을 수 없다. 결혼에 있어 결혼식은 단지 과정인 것처럼 사업에 있어 성공 또한 하나의 과정일 뿐이라는 사실을 알아야 한다.

사업 성공에 해피엔딩이란 없다. 성공은 쟁취하는 것이 아닌 유지하는 것이기 때문이다.

무엇보다 사업을 하면서 잃게 되는 가장 큰 것은 '자유'이다. 직장인들은 사업가를 보면 굉장히 자유로울 것이라 생각한다. 시간도 장소도 구속받지 않고 원하는 일만 하는 것처럼 보인다. 하지만 사업가가 되는 순간 자유는 사라진다. 먼저 직원의 경우 회사의 목표를 함께 이뤄나가는 고마운 존재이다. 하지만 그들과 일하며 소통하기 위해서는 가장 먼저 시간과 장소의 자유가 사라진다. 또한 그들에게 매달 지급해야 하는 급여를 비롯한 임대료, 사무실 관리유지비 등 엄청난 고정비가 뒤따라온다. 또한 회사의 제품이나 서비스를 판매하기 위한 개발, 생산, 재고 등의 위험이 뒤따른다.

시간과 장소, 직원, 고정비와 재고가 있는 사업가의 삶은 전혀 자유롭지 못하다. 아니 자유로울 수가 없다. 이것이 저자 그리고 내가 기업 말고, 1인기업을 선택한 이유이다.

나는 확신한다. 직장과 사업의 장점을 모두 다 합치더라도 1인기업을 절대 이길 수 없다는 것을. 그리고 이 책을 읽고 있는 당신도 확신하게 될 것이다. 이제부터 반드시 자기창업 해야한다는 것을.

자신이 타고난 재능을 발견하고 계발한 사람만이
사회적 인정과 경제적 부를 가지게 될 것이다.
진정한 실업은 일자리를 가지지 못한 것이 아니라,
미래의 부를 가져다줄 자신의 재능을 자본화하지 못하는 것이다.

– 《그대, 스스로를 고용하라》 구본형

특허 20년 vs 저작권 120년, 1인기업은 저작권으로 성공한다

특허를 21개나 출원한 나로서 굉장히 안타까운 이야기지만 1인기업은 특허가 아닌 저작권으로 성공한다.

특허란 산업재산권 중 하나로 산업상 이용 가치를 갖는 발명에 관한 권리이다. 대부분 기업에서 제품(혹은 서비스)에 대한 권리를 갖기 위해 취득한다.

반면 저작권은 저작자가 그 자신이 창작한 저작물에 대해서 갖는 권리로 글, 영상, 강연, 논문, 음악, 사진, 그림 등이 저작권에 해당한다. 1인기업은 자신의 콘텐츠(창작물)에 대한 권리로 저작권을 갖는다. 물론 기업이 저작권을, 1인기업이 특허를 가질 수도 있지만 나 또한 기업을 운영할 때는 산업재산권을 가졌고 1인기업을 하는 지금은 저작권을 갖게 되었다.

보장 기간, 특허권 20년 vs 저작권 120년

특허권의 보장 기간은 출원일로부터 20년이다. 20년이 긴 시간이라고 생각할 수도 있겠지만, 산업기술에 대한 특허를 출원하고 이를 상용화하기까지 거쳐야 할 수많은 프로세스와 시행착오를 생각하면 실제 시장에서 권리를 주장할 수 있는 기간은 그리 길지 않다.

그렇다면 저작권은 어떨까? 저작권의 보장 기간은 무려 저작자가 생존하는 동안과 사망 후 70년간 존속된다. 100세 시대에 평균 50세에 저작권을 취득했다고 하더라도, 사후 70년까지 무려 120년을 보장받는 셈이다.

심지어 특허의 경우 기술 유출 우려로 특허를 출원한 이후에 기술개발에 착수하지만, 저작권은 창작과 동시에 권한을 갖는다. 빨리 창작할수록 살아있는 동안 더욱더 오래 그 권한을 가질 수 있다. 당신의 선택은 무엇인가? 기술이 만들어지기도 전에 권리를 확보해야 하며 20년도 못 쓰는 특허권을 가질 것인가? 아니면 창작과 동시에 권리를 확보하며 빨리 만들수록 오래 보장받는 120년 이상 보장받을 수 있는 저작권을 소유할 것인가?

등록 절차와 비용부담이 없는 저작권

1인기업은 위험부담이 없고 자유로워야 한다. 그런 1인기업이 특허를 소유하게 되면 어떻게 될까? 특허권을 소유하기 위해서는 먼저 특허청에 등록하기 위한 특허출원을 신청해야 한다. 출원을 위해 특허 선행기술조사와 명세서작성이 필요한데, 개인이 하는 경우도 있지만 기술의 난이도에 따라 대부분 변리사를 통해 특허를 출원하는 것이 등록까지 안전하게 할 수 있다.

여기서 1차비용이 발생한다. 특허 등록을 위한 변리사 수임료와 출원 비용을 지불하였으면 다음은 특허 심사단계이다. 출원일로부터 약 1년~2년 정도 소요된 후 특허등록이 결정되면 이제 특허 등록료를 납부할 차례이다. 추가로 변리사에게 등록 수수료도 지급해야 한다.

여기서 끝이 아니다. 특허가 등록된 4년 차부터 보장 기간인 20년까지 매년 특허 등록료를 납부해야한다.

어떤가? 아직 성공할 수 있을지 없을지조차 확실하지 않은 아이템의 특허권을 위해 시간과 돈이라는 위험을 부담해야 한다. 자유로워 보이는가?

반면 저작권은 창작과 동시에 권리가 발생한다. 저작권을 등록하기 위해 전문가와 기관에 돈을 지불할 필요도, 저작권을 유지하기 위해 매년 등록료를 납부할 일도 없다. 나의 창작물이 몇

개이던 상관없이 생존하는 동안과 사후 70년까지 권리를 유지할 수 있다. 자기 창업가는 오늘도 저작권을 위해 일한다.

• • •

원가가 없는 무한한 가치의 저작권

사업을 하면서 가장 큰 숙제는 '원가 문제'였다. 제조업이었기 때문에 더욱더 원가에 예민하였고 원가의 중요성을 몸소 깨달았다.

사업이 아무리 잘 되더라도 이를 생산하기 위한 원가가 계속 발생하였고, 미리 수요를 예측하여 제조해야 하는 재고위험부담, 그리고 판매 이후 고객 응대와 A/S까지. 물건을 제조하고 판매할수록 수많은 비용과 책임이 발생하였고, 그렇게 서서히 자유와 멀어지게 되었다.

하지만 저작권은 달랐다. 저작권에는 '원가'가 존재하지 않는다. 내가 오늘 업로드 한 영상이 유튜브를 통해 전 세계에서 수익을 창출할 수 있다. 내 책이 e-book으로 제작되어 전 세계 사람들이 읽을 수도 있다. 항공으로 샘플을 보내거나 무역서류를 작성하지 않아도 된다.

어떠한 원가나 위험부담 없이도 수익을 창출할 수 있다. 퀸Qeen의 음악을 들으며 생각했다. 돈은 이렇게 벌어야 해. 사람들을 감동시키며 원가 없이 전 세계로 뻗어가는 나만의 콘텐츠.

1인기업은 세계시장을 목표로 저작권을 만든다.

자기 창업가는 1인기업으로
나를 창업한다

• • •

금융문맹보다 무서운 자기문맹

국내 유명 증권사 지점장이었던 대학원 선배가 있었다. 미래를 어떻게 준비해야 할지 고민하는 나와 동기들에게 선배는 나의 예상과 전혀 다른 조언을 해주었다. 노후를 준비하는 가장 좋은 방법은 은행이나 증권사에 돈을 맡기는 것이 아니라 나에게 투자하는 것이라는 말이었다.

"너가 한 달에 100만원씩 저금한다고 하면 10년에 1억 2천만원을 모을 수 있어. 정년까지 일한다고 했을 때 40년 동안 모은다고 하면 5억 가까운 돈을 저축하겠지.

그런데 5억을 은행에 맡기면 한 달에 얼마를 받게 될까? 50만 원이야.

40년 동안 노후를 위해 매달 저축해도 통장에 들어오는 돈은 고작 50만원이라고.."

"진정한 노후 준비는 은행이나 증권사에 투자하는 것이 아니라 나에게 투자해야 해. 나이 들어서도 매달 100~200만원 버는 것이 몇억을 은행에 갖고있는 것보다 훨씬 나은 투자야"

주식이나 코인 투자가 활발해지면서 금융에 대한 지식이 부족하여 돈을 제대로 관리하거나 활용하지 못하는 사람을 뜻하는 '금융문맹'이라는 단어가 많이 쓰이고 있다. 하지만 우리가 진짜 무서워해야 할 것은 금융문맹이 아니다.

자신에 대한 지식이 부족하여 재능을 제대로 관리하거나 활용하지 못하는 '자기문맹'이 가장 무서운 것이다. 내가 평생 경험하고 얻은 지식과 재능이 내 삶을 어떻게 바꾸고 자산이 될지 생각조차 하지 않는 상태를 두려워해야 한다.

나 없으면 안 될 것 같던 직장을 관두고, 반드시 성공할 것 같았던 사업을 관두고 깨달았다. 나 없이도 회사는 잘 돌아가며, 사업의 성패는 나만 잘해서 되는 것이 아니라는 사실을.

하지만 지금 나는 직장과 사업 없이도 돈을 벌고 있다. 오히려 그때보다 훨씬 적게 일하며 많은 돈을 벌고 있다. 조직에 소속되거나 유형의 자산 없이 오직 '나' 자체로 수익을 창출하고 있다.

더욱 놀라운 사실은 앞으로 나는 경험과 지식을 통해 더욱 성장하고 동시에 시간이 흐를수록 보다 높은 수익을 창출하게 될 것이라는 점이다.

이것이 나를 창업하여 나자신을 자산으로 만든 가장 큰 이유이다. 시간이 흘러 나이가 들수록 도태되는 내가 아닌 더욱 성장하고 성공하는 나를 만드는 것이다.

• • •

로또도 이길 수 없는 1인기업

《삶은 어떻게 책이 되는가》에서 임승수 작가는 로또 1등에 당첨된 자신을 상상했다. 주변의 낡은 모든 것들을 죄다 최고급품으로 바꾸는 상상을 하다가 그는 문득 깨달았다. 제아무리 로또 1등에 당첨되어 모든 것을 다 바꾸어도 절대 바꾸지 않을 단 한 가지. 바로 자신의 책을 쓰고 강의하는 삶이었다. 주변 환경이 어떻든, 이미 책 쓰고 강의하는 삶은 최고급품이라는 사실을 작가는 비로소 깨달은 것이다.

나는 당신이 직업이 없어서, 직장이 싫어서, 사업이 망해서, 경력이 단절되어서 1인기업을 선택하지 않길 바란다. 절대 나를 떠나거나 변치 않을 세상에 하나뿐인 나를 성장시키며 수익을 창출하는 1인기업은 당신의 차선책이 아닌 최선책이 될 것이다. 로

또 1등에 당첨되어도 절대 관두지 않을 나의 업.

• • •

지금부터 시작하는 1인기업

1인기업은 지금 당장 시작할 수 있다. 아니 시작해야 한다. 나를 위해 그리고 세상을 위해 당신은 자기창업으로 1인기업을 실행해야 한다.

직장인이라서, 사업을 운영하고 있어서 1인기업을 시작하지 못한다는 핑계는 통하지 않는다. 나의 경우 직장을 다니면서 사업을 운영했고 실전 창업 콘텐츠를 만들어 강의와 컨설팅을 했다. 그리고 동시에 전문성을 높이기 위해 창업대학원까지 다녔다.

직장, 사업, 1인기업, 대학원까지 이 모든 것을 동시에 진행하면서 매일 인간의 한계를 느꼈다. 단 하루도 쉬지 않고 퇴근 이후 시간과 연차, 주말을 모두 사업과 강의에 투자하였다.

그 결과 직장을 관두고 사업이 어려워져도 나의 경험과 지식으로 수익을 창출할 수 있었다.

필요할 때 시작하면 늦는다. 이미 당신은 1인기업을 위한 모든 경험과 지식을 갖고 있다. 만약 그렇지 않다고 하더라도 1인기업을 시작하기로 한 순간부터 당신의 태도는 자기 창업가가 되어 경험과 지식을 쌓아 결국 1인기업을 이뤄낼 것이다.

나는 폭풍이 두렵지 않다.

나의 배로 항해하는 법을 배우고 있으니까.

– 헬렌 켈러

1인기업이라는 나만의 배를 만든다면 세상에서 그 어떤 폭풍을 마주하게 되더라도 절대 두렵지 않게 된다. 무엇을 하든, 결과가 어떠하든 모두 나의 경험과 지식이라는 자산이 될 테니까.

2장

비즈니스 모델로
설계하는 콘텐츠

비즈니스모델로 설계하는 콘텐츠

· · ·

1인기업은 장사가 아닌 사업이다

1인기업은 자신의 기능을 상품화하여 판매하는 비즈니스모델을 구축하고 매출을 올리는 업이다. 강의나 컨설팅으로 경험과 지식을 나눈다고 해서 무조건 1인기업이 되는 것은 아니다. 내가 직접 일을 해야만 돈을 벌 수 있다면 그건 프리랜서, 장사의 개념에 속한다.

1인기업은 내가 직접 일하지 않아도 돈을 버는 수익모델(비즈니스모델)을 갖고 있어야 한다. 그것이 프리랜서(장사)와 1인기업(사업)의 차이이다.

비즈니스모델은 무엇인가?

비즈니스모델이란 '어떤 제품이나 서비스를 어떻게 소비자에게 제공하고, 어떻게 마케팅하며, 어떻게 돈을 벌 것인가 하는 계획 또는 사업 아이디어'이다.

비즈니스모델에 대해 설명하려면 이야기할 것이 많지만 1인기업의 비즈니스모델에 있어 가장 중요한 것을 이야기하려 한다.

성공적인 비즈니스모델의 조건

경쟁력 요소	명확한 가치제안 (Value Proposition)
	수익 매커니즘 (Revenue Mechanism)
지속성 요소	선순환 구조 (Virtuous Cycle)
	모방 불가능성 (Inimitabillity)

바로 성공적인 비즈니스모델의 조건이다. 창업 아이템을 성공적인 비즈니스모델로 만들기 위한 4가지 요소가 있다. 명확한 가치제안, 수익 매커니즘, 선순환 구조, 모방 불가능성이 그 요소이다.

1인기업은 성공적인 비즈니스모델의 조건 4가지 요소에 맞춰 경험과 지식을 성공하는 콘텐츠로 만들어 갈 것이다.

창업가(기업)는 상품으로 세상을 바꾸고,
자기 창업가(1인기업)는 콘텐츠로 세상을 바꾼다

명확한 가치를 제안하라

정말 중요한 것은 눈에 보이지 않아

- 《어린 왕자》 생텍쥐페리

1인기업은 눈에 보이지 않는 것을 판다. 하지만 그 파급력은 눈에 보이는 것을 파는 것보다 엄청나다. 그 이유는 사람과 세상을 '변화'시키는 가치를 가졌기 때문이다.

• • •

가치를 만드는 관점의 차이

누군가는 내가 특별한 경험과 지식을 갖고 있어 지금처럼 책도 쓰고 1인기업을 할 수 있다고 생각할 수 있지만 전혀 그렇지 않다.

직장의 경우 나는 대기업을 다녔거나 억대 연봉을 받지 않았다. 그저 나를 성장시킬 수 있는 직장을 선택하고 활용하고 즐긴 경험과 이를 통해 직장에서 대체 불가능한 존재가 된 노하우를 직장 성공이라는 콘텐츠로 만들었다.

어떤 사람은 세상의 기준으로 내가 다녔던 직장의 규모, 연봉, 커리어를 보고 성공하지 않았다고 말할 수 있다. 하지만 나의 생각은 달랐다. 나의 관점은 직장이 아닌 오로지 '나'의 성장에 있었다.

사업도 마찬가지다. 사업의 규모나 직원 수 연매출액을 보면 다른 성공한 사업가들에 비해 성공이라 말하기 어려울 수 있다. 또한 수많은 시행착오를 겪은 나의 사업을 어떤이는 실패라고 말할 수 있다. 하지만 나는 그 시행착오를 나누며 수익을 창출하였고 많은 예비 창업가를 변화시키며 사업의 경험과 지식으로 성공하였다. 내가 바라본 성공의 관점은 사업의 성공이 아닌 '나'의 성공이었기에 모두 가능한 일이었다.

이처럼 같은 경험을 하더라도 그것은 어떻게 바라보는지가 중요하다. 같은 경험을 하더라도 그것을 바라보는 관점에 따라 가치가 만들어지고 콘텐츠가 탄생한다. 콘텐츠가 될 만한 경험과 지식이 없다는 핑계는 이제 더이상 통하지 않는다. 하고자 하는 자는 방법을 찾고, 하기 싫어하는 자는 핑계를 찾기 때문이다.

우리가 가장 많은 시간을 할애하는 우리의 업, 혹은 인간관계, 취미, 정보, 노하우 등등 콘텐츠가 될만한 자산은 널려있다. 오늘 내가 살아가는 삶. 그리고 그것을 바라보는 나만의 관점이 바로 1인기업의 콘텐츠가 되는 것이다.

• • •

명확한 가치의 3가지 특징

1인기업의 성공적인 콘텐츠를 만들기 위한 비즈니스모델의 첫 번째 단계인 〈명확한 가치〉에는 크게 3가지 특징을 갖고 있다.

첫째, 사람을 변화시킨다

앞서 이야기했던 것처럼 명확한 가치는 사람을 변화시키는 가치이다. 처음 경험과 지식을 나누게 된 동기는 사업을 준비중인 사람들을 위함이었다. 준비되지 않은 창업의 어려움을 나누며 사업이 무엇인지 어떻게 준비해야 하는지 사업 콘텐츠를 통해 그저 환상만 갖고 사업에 뛰어드는 사람들을 준비 된 사업가로 변화시키고 싶었다.

그렇게 시작한 콘텐츠는 목적 없이 취업하여 어려움을 겪게 될 취준생과 직장인들을 변화시키는 목표까지 더해졌다.

모든것이 불확실한 시대에 직장인, 사업가 할 것 없이 모든 사람들이 자신의 경험과 지식으로 평생 성공하도록 변화시키고 싶었다.

사람들을 변화시키고 세상을 선하게 바꾸는 일이야말로 1인 기업의 핵심 '가치'이다. 당신은 사람들을 변화시킬 보물을 갖고 있다. 이제 그 보물을 세상에 내놓기만 하면 된다.

둘째, 검증된 메시지를 전달한다

우리는 어떤 메시지를 상대방에게 전달할 때 직접 경험한 것이나, 검증된 지식을 이야기할 때 더욱 효과적으로 전달할 수 있다. 듣는 사람에 입장에서 상대방이 직접 겪고, 검증된 지식을 이야기할 때 더욱 신뢰가 가기 때문이다.

〈자기개발 말고, 자기창업〉 또한 내가 직접 겪은 경험과 이를 통해 쌓은 검증된 지식을 더하여 자기창업 콘텐츠가 탄생하였다. 상대방을 변화시키기 위해선 경험과 지식으로 검증된 메시지를 전달해야 한다.

셋째, 하나의 주제만 전달한다

굉장히 기대하며 들었던 강연이 있었다. 국내 유명 기업 대표의 강연이었는데, 시작 전 아이스브레이킹부터 이미지까지 완벽했다. 그런데 강연이 시작하고 얼마 지나지 않아 여러 주제가 남발하였다.

심지어 각 슬라이드마다 각기 다른 주제의 명언이 적혀있었다. 세어보진 않았지만 기억상으론 대략 15가지의 주제를 이야기하는 듯하였다. 모두 각기 다른 주제로 말이다.

강연이 끝나고 청중의 머릿속에 남는 메시지는 하나도 없었다. 제아무리 여러 가지 이야기를 하여도 그것이 모두 연결되어 단일 메시지로 전달되었다면 상황이 달랐을 것이다. 하지만 나의 욕심에 많은 것을 전달하고 싶어 이것저것 이야기한다면, 청중은 나의 메시지를 단 하나도 기억하지 못할 것이다.

책을 살펴보면 쉽게 이해할 수 있다. 모든 책을 살펴보면 수십 개의 꼭지가 모여 각 챕터가 되고, 각 챕터가 모여 책 제목이 된다. 수십여개의 꼭지는 각기 다른 콘텐츠를 갖고 있지만 그것이 결국엔 하나의 책 제목이라는 주제로 독자들에게 전달되는 것이다.

기억하라. 30초짜리 영상을 만들던, 300페이지 분량의 책을 쓰던, 콘텐츠는 하나의 주제만 전달해야 한다. 아무리 좋은 주제라도 두 가지 이상 전달한다면, 단 한 번도 고객을 변화시키지 못할 것이다.

수익 메커니즘을 만들어라

수익 메커니즘이란 '수익이 발생하는 원리나 구조'이다. 쉽게 말해서 수익을 창출하는 방법이다. 조금 더 들어가면 고객이 왜 나의 콘텐츠에 돈을 지불하는지, 어떠한 경로로 지급할 것이며 얼마에 어떤 가치에 지급할 것인지에 대한 수익 방안을 고민하고 만들어 가는 것이다.

1인기업을 선택하였다면 이제 단순히 경험과 지식을 나누는 것을 넘어 수익 창출을 위한 콘텐츠를 만들어야 한다. 그 시작은 바로 내가 아닌 고객에 의한 콘텐츠를 만드는 것에 있다.

일하지 않고도 돈을 버는, 잠자는 동안에도 돈이 들어오는 1인기업의 수익 시스템을 만들기 위해선 내가 하고 싶은 콘텐츠, 내가 할 수 있는 콘텐츠가 아닌, '시장이 원하는 콘텐츠'를 만들어야 한다.

잠자는 동안에도 돈이 들어오는 방법은 찾지 못한다면,
당신은 죽을 때까지 일을 해야만 할 것이다.

- 워렌 버핏

수익 시스템을 구축하기 위한 방법은 3장 1인기업 실행편에서 자세하게 이야기하고, 본 페이지에서는 성공하는 콘텐츠를 설계하기 위한 수익 전략에 대해 이야기하려 한다. 공중화장실에서 소지품을 분실한 뒤 개발한 〈분실방지용 화장실 선반겸 잠금장치〉는 나의 불편함(문제)에서 시작되었다. 제품을 구상할 당시 제품의 고객은 누구인지, 고객에게 어떻게 접근할 것인지, 고객이 가치를 느끼는지에 대한 고민은 뒤로한 채 내가 겪은 문제에만 집중하였다.

그저 내가 겪은 문제를 해결하고 제품이 편리하면 수익을 창출할 수 있을 것이라 생각하였다.

그러나 창업은 발명이 아니었다. 내가 원하는 제품을 만들었다고 해서 고객이 그 가치를 인정해 주고, 판매가 발생하지 않았다.

이처럼 고객에 대한 고민 없이 개발 된 제품은 개인을 대상B2C으로 한 제품이 아닌, 이용자user와 구매자buyer가 다른 기업을 대상B2B으로 판매해야 하는 제품으로 탄생했다.

당시 B2B 영업 경험과 지식이 전무했던 난 맨땅의 헤딩 정신으로 어렵게 창업을 이어나갈 수밖에 없었다.

제품이나 서비스가 기업의 아이템이듯, 콘텐츠는 1인기업의 아이템이다.

내가 원하는 아이템을 발명할 것인가?
아니면,
시장이 원하는 아이템으로 창업할 것인가?

• • •
기존 콘텐츠 생산방식

사업의 시행착오를 나누었던 기존 콘텐츠는 창업할 때와 마찬가지로 '나'에서 시작하였다. 내가 겪은 문제에서 시작하여 고객이 정해지는 방식이었다.

물론 기존 콘텐츠도 많은 니즈와 수요가 있었지만, 창업 교

What : 문제는 무엇인가?
ex) 준비되지 않은 사업으로 어려움을 겪는 창업가들이 생김

How : 어떻게 해결할 것인가?
ex) 사업하면서 겪은 시행착오를 공유함

Who : 고객은 누구인가?
ex) 예비 사업가
　　 대학교 창업지원담당자
　　 공공기관 창업교육 담당자

육 특성상 정부에서 지원하는 무료 프로그램이 대부분이기 때문에 사업을 할 때와 마찬가지로 정부기관이나 학교와 같은 교육기관을 대상으로 영업해야 하는 B2B 콘텐츠가 되어버렸다.

· · ·
수익 콘텐츠 생산방식

미국 벤처캐피털 전문 조사 기관^{CB insights}에서 실패한 스타트업 101개사를 대상으로 사업 실패 원인을 조사 한 결과 실패 원인 42%가 시장이 원하지 않는 상품을 출시하여 실패한 것으로 나타났다.

비즈니스 성공의 핵심은 '고객'에 있다. 제아무리 대박 아이템이라 할지라도 그 가치를 인정해줄 고객이 없다면 아무런 쓸모가 없게 되는 것이다.

앞서 이야기했던 것처럼 1인기업으로 성공하기 위해선 '고객이 원하는 콘텐츠'를 만들어야 한다. 내가 아닌 고객에서 콘텐츠가 시작되어야 한다. 그 방법은 먼저 고객이 누구인지 아는 것이며, 나아가 높은 시장성과 접근 가능한 고객을 설정하는 것이다.

기존 콘텐츠 생산방식과의 차이점을 알겠는가? 시장이 원하는 콘텐츠 설계하기 위해 What - How - Who 에서 Who -

Who : 고객은 누구인가?

ex) 개인

　　기업체 (교육담당자)

　　대학교 (교육 담당자)

How : 어떻게 접근할 것인가?

ex) 블로그, 유튜브를 이용한 콘텐츠 홍보

　　기업 교육회사 콘텐츠 제안

　　학교 교육회사 콘텐츠 제안

What : 무엇을 필요로 하는가?

ex) 평생 성공하는 방법

　　직장에서 성공하는 방법

　　사업으로 성공하는 방법

How - What으로 순서를 180도 바꿨다. 내가 아닌 고객에서 콘텐츠가 시작되는 것이다.

기존 콘텐츠의 B2B 한계를 극복하기 위해 먼저 고객Who을 선택하였다.

그다음으로 고민한 건 고객에게 접근하는 방법How이다. 고객에게 접근할 방법이 없거나 모르겠다면 절대 다음 단계로 넘어가지 않는다.

고객과 접근방법이 정해졌다면 이제 비로소 콘텐츠를 고민할 단계이다. 나의 고객에게 필요한 것은 무엇What일지 그들의 입장에서 생각한다. 직접 의견을 듣기 위한 인터뷰 조사를 해보는 것도 추천한다. 중요한 것은 내 생각과 판단이 아닌 고객이 무엇을 필요로 하는지에 집중하는 것이다.

고객을 설정하고 그들에게 어떻게 접근할지 명확해진 후에야 그들에게 판매할 콘텐츠를 개발하는 것이 시행착오를 줄임과 동시에 높은 수익을 창출할 수 있는 〈수익 콘텐츠 생산방식〉이다.

1인기업의 수익 메커니즘 콘텐츠란 고객을 먼저 설정하고 접근방식을 설계하며 그들이 원하는 콘텐츠를 연구하는 것이다. 그것이 일하지 않아도 수익을 창출하는 성공하는 콘텐츠가 되기 위한 바탕이 된다.

선순환 구조를 확립하라

선순환 : 좋은 현상이 끊임없이 되풀이됨

지금까지 비즈니스모델의 경쟁력 요소에 대해 알아보았다면, 이제부턴 지속성 요소에 대해 이야기하려 한다. 1인기업에 지속성 요소는 굉장히 중요하다. 1인기업뿐만 아니라 모든 기업에게 중요한 것이 '지속성'이다. 지속성이 중요한 가장 큰 이유는 바로 스스로 일을 만들어 수익을 창출해야 하기 때문이다.

기업 경영은 자전거 타기와 똑같다.
페달 밟기가 멈추는 순간 자전거는 넘어진다.
기업 역시 지속적인 동력을 확보하지 못하면
한순간에 무너지고 만다.

유명 CEO들의 인터뷰기사를 보면 한 번쯤은 꼭 등장하는 비유가 바로 이 자전거 비유이다. 언제 들어도 공감이 되는 말이다. 직장인이라면 매달 급여라는 수익이 발생하지만 기업은 그렇지 않다. 페달 밟기를 멈추면 넘어지는 자전거처럼, 수익을 지속적으로 창출하지 않으면 기업은 넘어져 버린다.

1인기업이 지속성을 유지하기 위해서는 먼저 선순환 구조가 필요하다. 콘텐츠의 좋은 현상이 끊임없이 되풀이되어 스스로, 지속해서 수익이 창출되는 구조를 만들어야 한다. 1인기업의 선순환 구조는 크게 2가지가 있다. 1인기업 콘텐츠에는 아래의 두 가지 선순환 구조가 확립되어 있어야 한다.

1. 가치의 선순환
2. 고객의 선순환

· · ·
가치 선순환

성공적인 비즈니스모델의 조건, 첫번째 요소에서 명확한 가치를 제안하는 방법을 이야기하였다. 콘텐츠로 사람들을 변화시키고 세상을 선하게 바꾸는 일이야말로 1인기업의 핵심 '가치'이다. 그리고 이러한 가치는 선순환되어야 한다.

> A : 직장에서 성공하는 방법
>
> B : 회사에서 몰래 돈 버는 방법

두 개의 콘텐츠가 있다. 두 콘텐츠 모두 직장에 다니면서 미래를 준비하는 것은 동일하다. 그러나 각자가 제공하는 가치는 완전히 다르다.

A는 직장인과 회사 모두를 성공시키는 콘텐츠이다. 자기창업을 위해 경험과 지식을 목표로 직장을 선택하고 활용하고 즐기며 직장과 함께 성장하고 성공하는 콘텐츠이다.

반면 B는 직장인에겐 부가 수익을 창출하는 도움은 줄 순 있지만, 회사 입장에선 좋은 콘텐츠가 될 수 없다.

우리의 콘텐츠는 누구에게만 유익하거나, 누구에게도 피해를 주어선 안 된다. 우리의 콘텐츠는 모든 사람에게 유익한 가치를 제공해야 한다.

만약 가치의 선순환은 고려하지 않고, 그저 수익만 좇아 B와 같은 콘텐츠를 판매한다면 어떻게 될까?

당신은 매일 고객에게 전하는 메시지가 '직장 상사에게 투잡을 들키지 않는 법'이나 '회사에서 다른 일 하는 법'이 될 것이다. 그 콘텐츠를 구매한 고객은 처음에는 좋을지도 모른다. 하지만 시간이 흐르고 상사의 위치가 되거나, 사업을 시작하여 직원교육을 하게 된다면, 절대 나의 콘텐츠를 구매하지 않을 것이다. 회사 입장에선 손해를 보는 콘텐츠이기 때문이다.

반면 직장에서 성공하는 방법이라는 콘텐츠는 직장인과 회사 모두에게 유익한 콘텐츠이다. 나에게 맞는 회사를 선택하는 방법, 나아가 회사를 활용하고 즐기면서 동시에 회사를 성장시키는 콘텐츠는 고객이 직장인일 때도, 상사가 되어서도, 사업을 운영하면서도 계속 구매하는 콘텐츠가 될 수 있다. 즉, 가치의 선순환이 지속되는 것이다.

1인기업은 기업이다. 당장의 수익만 생각하는 것이 아닌 멀리 보는 지혜가 필요하다. 모두에게 유익한 가치가 곧 수익의 선순환을 불러일으킨다.

• • •
고객 선순환

'유지가 획득을 이긴다'라는 말이 있다. 충성 고객을 만드는 게 신규 유입을 증가시키는 것보다 중요하다는 의미이다. 실제로 시장 조사기업 중 하나인 마켓 매트릭스의 조사에 따르면 신규 고객이 물건을 살 확률은 5~20% 정도지만, 기존 고객을 공략해 물건을 사게 할 확률은 60~70% 가까이 된다고 한다. 성공하는 콘텐츠에는 기존 고객의 재구매율을 높이는 고객 선순환 전략이 필요하다.

고객 선순환을 위해서는 고객을 통해 콘텐츠 추가 판매가 이루어져야 한다. 그러기 위해서는 우리의 콘텐츠의 Next Plan, 다음 계획이 존재해야 한다. 그렇기 때문에 다음 계획을 염두에 두고 현재 콘텐츠를 설계해야 한다.

나의 경우 직장과 사업에서 성공하는 자기창업가로 시작하여 자기창업가가 되기 위한 자기창업정신부터 1인기업까지 다음 계획이 존재한다. 다른 1인기업을 살펴봐도 마찬가지다. 그들은 하나의 콘텐츠만 갖고 있지 않다. 나만의 분야를 갖고, 그 분야 관심 있는 고객이 재구매 할 수 있도록 다양한 콘텐츠를 개발하거나 콘텐츠의 단계를 설정하여 초급-중급-고급 등의 코스를 만들기도 한다.

더불어 개인에서 단체로, 단체에서 개인으로 구매를 유도할 수 있는 콘텐츠 전략을 짜기도 한다. '직장에서 성공하는 방법'도 이와 같은 고객 선순환 구조를 갖는다. 해당 콘텐츠를 접한 개인은 직장이나 사업장에 이를 적용할 수 있다. 또한 회사를 통해 콘텐츠를 접한 개인은 자기 창업가가 되기 위한 콘텐츠를 구매하게 된다.

1인기업 콘텐츠를 보면 독서, 시간 관리, 마케팅, 투자, 등 다양하다. 여기서 우리가 할 것은 내가 잘 할 수 있는 콘텐츠를 발견하고 그 안에서 고객이 다양하게 쇼핑할 수 있도록 판을 만들어주는 것이다. 그것이 기존 고객으로 수익을 선순환시킬 수 있는 전략이다.

기억하라. 선순환하지 않는 콘텐츠는 휘발될 뿐이다.

모방 불가능한
전략을 세워라

콘텐츠를 지속시키기 위해 선순환 전략과 함께 필요한 것이 바로 '모방 불가능성'이다. 사업을 할 때도 상품의 차별성을 갖는 것만큼이나 중요한 것이 모방 불가능한 전략을 세우는 것이었다. 특허로 권리를 확보하거나 빠르게 시장을 장악하는 등의 경쟁업체로부터 상품을 보호하는 것이 필요하다.

다행히도 1인기업의 콘텐츠는 생산됨과 동시에 저작권이라는 권리를 갖는다. 하지만 저작권이 모방 자체를 할 수 없도록 만들지는 못한다. 자기 창업가의 1인기업 콘텐츠는 단순히 새로운 콘텐츠를 만들고 저작권을 갖는 것에 그쳐선 안 된다.

기업이 모방 불가능한 전략을 세우기 위해 원천기술을 확보하는 것처럼, 1인기업도 원천콘텐츠를 만들어야 한다. 그 누구로 따라 하거나 흉내 낼 수 없는 콘텐츠만이 지속 가능한 수익을 만들어낼 수 있는 것이다.

날 나답게 만드는 일들이
날 특별하게 만들어

– 애니메이션 《곰돌이 푸》 중에서

· · ·
세상에서 가장 특별한 나

유튜브를 보다 보면 1타강사들이 종종 수업 중에 학생들에게 자기 경험이나 생각을 이야기하는 클립 영상이 많은 조회수를 기록하는 것을 볼 수 있다. 수능 준비를 앞둔 예비 사회 초년생들에게 자기 성공비결이나 세상의 이면을 이야기한다. 그런데 그 이야기는 비단 학생뿐만 아니라 영상을 보는 모든 이들에게 뼈아픈 조언과 삶의 목표를 선사한다.

그들은 분명 1타강사가 되기 위해 엄청난 학문적 노력을 하였다. 더불어 그들에겐 자신의 노력을 빛나게 만드는 '스토리'가 있었다.

스토리 : 자신이 경험한 지난 일이나 마음속에 있는 생각을 남에게 일러 주는 말.

다른 사람은 흉내 낼 수 없는 1인기업의 모방 불가능한 전략은 스토리이다. 스토리에는 상대방의 공감을 불러일으키는 힘이 있다.

나의 경험을 이야기하는 강연에서는 스토리텔링을 통해 주제를 전달한다. 어떻게 창업하게 되었고, 사업을 하면서 어떤 시행착오를 겪었으며, 무엇을 배웠는지 과정을 묘사하며 모든 경험을 공유한다. 그러면 대부분에 사람들은 내가 관심 있는 분야를 먼저 겪은 생생한 이야기에 공감하고 집중한다.

그럼 학문이나 기술을 가르치는 강의는 어떨까? 나는 강의에도 강연을 할 때와 마찬가지로 스토리를 이용한다. 사업을 하다 보면 사업계획서가 왜 필요한지, 비즈니스모델을 왜 설계해야 하는지 직접 겪은 시행착오 경험을 바탕으로 강의를 시작한다. 그렇게 시작한 강의는 이론만 전달하였을 때보다 훨씬 높은 집중도와 강의 효과를 확인할 수 있었다.

논리는 사람들을 사고하게 만들지만,
감정은 사람들을 행동하게 만든다.
- 지그 지글러

콘텐츠의 가치는 변화에 있다. 그리고 그 변화의 힘은 감정이 담긴 스토리에서 나온다. 직접 경험하고 느낀 내 생각과 지식에는 일반적인 학문과 지식에는 없는 감정이 담겨있다.

또한 세상에 하나뿐인 나의 경험과 지식이기 때문에 누구도 모방할 수 없는 특별한 가치를 지닌다. 세상에 나처럼 경험하고 느낄 수 있는 사람은 나밖에 없다. 그것을 스토리로 잘 전달할 때, 우리는 그 누구도 따라 할 수 없는 힘을 갖게 된다.

* * *

세상에서 가장 나다운 나

경력직 면접을 앞둔 친구가 있었다. 대기업의 수직적인 조직문화와 맞지 않아 퇴사를 하였고, 수평적인 조직문화로 알려진 회사와의 인터뷰를 앞두고 있었다.

'이번 면접에서는 있는 내 모습 그대로를 보여주려고 해'

회사가 나의 모습을 싫어한다면 어차피 나와 맞지 않는 조직이기 때문에 입사해서도 힘들 것이고, 자신의 있는 그대로의 모습을 좋아한다면 입사해서도 조직과 잘 맞을 것이라는 판단이었다.

취업을 위해 자신을 기업의 인재상에 자신을 맞추었던 친구는 더 이상 자신을 포장하지 않았고, 그 결과 이제는 자신의 있는 그대로의 모습으로 일할 수 있게 되었다.

나 또한 유명 강사를 따라하려 했던 적이 있다. 카리스마 넘치며 쓴 소리로 사람들을 변화시키는 강의영상을 보고 또 보며 배우려 했다.

하지만 아무리 보아도 도저히 그녀를 따라할 수 없었다. 연기자처럼 흉내는 낼 수 있겠지만, 그녀의 스타일을 내것으로 만들 순 없었다. 그녀의 스타일은 단순한 표현 방식이 아닌 그녀가 살아온 삶이 그대로 뿜어져 나오는 그 사람 자체였기 때문이다.

나의 성격은 밝고, 유머를 좋아하며, 동기부여 하는 것을 좋아한다. 상대의 고민을 경청하고 함께 고민하며 돕는 것을 좋아한다. 그런 내가 갑자기 카리스마 있어 보이기 위한 제스처와 멘트를 한다면 어떻게 될까?

기존에 나를 좋아했던 고객은 나를 떠날 것이며, 나의 기존 스타일을 좋아할 예비 고객 또한 나에게 호감을 느끼지 않을 것이다.

더욱 문제는 내가 누군가를 따라 한다고 해서 당사자처럼 할 수 없을뿐더러, 평생 그보다 성장할 수 없을 것이다. 계속 누군가와 비교하고 따라 하는 행동에는 내가 그보다 못하다는 낮은 자존감이 존재하기 때문이다.

모두를 만족시키는 콘텐츠는 없으며 나답지 않은 것은 오래가지 못한다. 가장 나다운 콘텐츠가 나와 맞는 고객을 만나며, 내 안의 강점을 계속 발견해 나아가는 선순환을 이룬다. 세상에서 가장 나다운 콘텐츠가 누구도 범접할 수 없는 콘텐츠라는 것을 기억하자.

세상에서 가장 특별하며 나다운 콘텐츠를 만들어라. 그것이 1 인기업의 모방 불가능한 전략이다.

3장

실행으로 성공하는
1인기업

실행으로 성공하는
1인기업

직장인 2대 허언이 있다. 하나는 '나 퇴사할 거야'이고, 다른 하나는 '나 유튜브 할 거야'이다.

왜 유튜브는 직장인의 허언이 되었을까?

유튜브에서 '쉽게 돈 버는 방법'에 대해 이야기하는 한 유튜버의 영상을 보았다. 그는 블로그부터 유튜브까지 노동 없이 쉽게 돈을 벌 수 있는 방법을 설명하였다. 자신이 가진 수익 파이프라인에 대해 모두 공개하며, 이렇게 돈 벌기 쉬운 세상이 어디 있냐며 감탄하였다. 동시에 이처럼 아무리 쉽게 돈을 버는 방법을 알려줘도 어차피 아무도 실행하지 못할 것이라며 장담하였다.

직장인 시절 돈을 더 벌고 싶어 하는 직장동료들에게 부가 수익을 창출할 수 있는 방법을 알려줘 봤지만 단 한 명도 실천한 사람이 없었다며 그때를 회상했다.

왜 직장인은 유튜브를 할거라는 허언을 할까?

이민규의 《실행이 답이다》에서 저자는 변화를 원하면서도 실천하지 않는 까닭에 대해 '절실하게 원하지 않기 때문'이라고 말한다. 현재 상태에서 벗어나지 않으면 안 될 절박함이나, 어떤 일이 있어도 원하는 목표를 달성해야 할 간절한 이유가 있어야 변화에 성공할 수 있는 것이다.

하지만 직장인의 경우 이런 절박함이나 간절함을 갖는 것이 쉽지 않다. 바로 매달 들어오는 안정제인 월급이라는 마약 때문이다. 굳이 지금 당장 유튜브를 시작하지 않아도 내 삶에 달라지는 것이 없기 때문에, 업무로 지친 몸을 이끌고 힘들게 유튜브를 시작하지 않게 되는 것이다.

• • •

실행으로 성공하는 1인기업

1인기업의 성공 요인을 꼽자면 '실행력'을 가장 먼저 이야기할수 있다. 1인기업은 사업을 실행하는 데 어떠한 위험도 감수하지않는다. 심지어 사업이 잘 안되더라도 그 경험을 또다시 콘텐츠로 만들어 새롭게 도전할 수 있다. 그렇기 때문에 실패를 두려워할 일도, 행동하고 후회할 일도 없다.

아무것도 하지 않으면
아무 일도 일어나지 않는다.

1인기업은 나로 하는 사업이다. 내가 기업의 대표이자, 직원이
자, 투자자이자, 아이템이다. 그렇기에 아무것도 실행하지 않는다
면, 어제와 같은 오늘, 오늘과 같은 내일이 반복될 수밖에 없다.
기억하자 1인기업의 가장 큰 위험은 '실행하지 않는 것'이다.

나는 직장과 사업을 운영하면서 콘텐츠를 만들었다. 매달 직
장이 주는 달콤한 급여도 있었고, 매일 사업이 주는 쓰라린 어려
움도 있었다. 그럼에도 실행력으로 나만의 콘텐츠를 만들 수 있
었던 이유는 바로 '흥미'였다.
처음 나의 경험과 지식을 알리게 된 계기는 나를 기록하기 위
함이었다. 내가 경험한 것 배운 것, 느낀 것들은 내가 기록해 놓
지 않으면 모두 사라지기 때문이었다.

나의 직장 경험, 사업지식, 자기 개발 등 다양한 콘텐츠를 블
로그에 공유하기 시작했고, 그 결과 많은 사람들로부터 연락을
받았다. 취업 상담, 사업 아이템 상담, 창업 대학원 입학 상담, 창
업보육전문매니저 자격증 취득 상담 등 나의 경험과 지식을 공유
하자 나는 그 분야의 선배가 되어 있었다. 내가 먼저 겪은 경험
은 누군가의 시행착오를 줄여주었고, 내가 공부한 지식은 누군가
의 길잡이가 되었다.

콘텐츠는 그렇게 계속 사람들을 도왔고 나를 계속 성장시키는 동기가 되었다. 지금 당장 1인기업을 하지 않으면 안 되는 절박함과 간절한 동기가 없다면, 1인기업에 흥미를 가져보자. 그 흥미가 나를 실행하도록 만들 것이다.

1인기업 실행 6단계

1단계 : 롤 모델로 목표를 설정하라

2단계 : 커뮤니케이션과 스피치 역량을 키워라

3단계 : 온라인 사무실로 온라인 건물주가 되는 플랫폼을 구축하라

4단계 : 콘텐츠 마케팅으로 고객을 구원하라

5단계 : 연예인처럼 브랜딩하고, 매니저처럼 홍보하라

6단계 : 진심으로 고객의 변화를 원해라

롤 모델을 통해
나를 그리다

오랫동안 꿈을 그리는 사람은
마침내 그 꿈을 닮아간다.

－ 앙드레 말로

나에겐 항상 롤 모델이 존재했다. 나의 목표와 닮아 롤 모델이
된 것인지, 아니면 롤 모델이 좋아 나의 목표를 바꾼 것인지 알 수
는 없지만, 나의 모든 목표와 성장에는 항상 롤 모델이 함께했다.

창업을 준비할 때는 언론에 보도된 유명 창업가를 롤 모델로
삼았다. 그는 자신의 제품으로 세상을 편리하고 이롭게 바꾸었
다. 또한 자신의 창업 경험을 사람들과 공유하며 창업 분야에 영
향력을 발휘하였다. 그를 보면서 나도 꿈이 생겼다. '나도 창업계

의 영향력 있는 사람이 되어야지.' 그렇게 창업가가 된 후 SBS 창업스타라는 창업경진대회를 통해 언론에 보도되며, 수많은 인터뷰와 강연 요청에 응하였다. 나의 롤 모델이 그랬던 것처럼 나의 창업경험을 공유하는 일을 하였다.

얼마 뒤 나의 롤 모델은 창업가에서 창업 전문가로 바뀌었다. 당시 지원한 정부지원사업을 평가 현장에서 창업 아이템을 심사했던 심사위원을 보며, 나도 그들처럼 창업전문가가 되고 싶었다. 그중 SNS를 통해 창업과 관련한 자기 생각을 공유하며 활발하게 활동하는 한 사람을 롤 모델로 삼았다. 그리고 그가 읽는 책, 공부한 대학원, 생각하는 모든 것에 영향을 받았다. 그리고 창업 대학원에 진학하면서 나의 인생이 바뀌었다. 주변에 창업 강의, 컨설팅, 심사하는 사람들이 가득했고, 객관적인 전문성을 인정받게 되어 롤 모델을 만난 지 3년 만에 정부지원사업 심사위원이 되었다. 아직도 그 감동적인 순간을 잊지 못한다.

그리고 1인기업을 운영하는 지금. 나의 롤 모델은 또다시 바뀌었다. 콘텐츠를 제작하는 과정부터 삶을 살아가는 태도까지 모든 것을 본받고 싶은 롤 모델이 생겼다. 그리고 지금도 그 롤 모델의 모습을 향해 나아가는 중이다.

창업가, 창업전문가, 1인기업. 매 순간 목표를 정하고 성장할 수 있었던 이유는 늘 나만의 롤 모델과 함께했기 때문이었다. 롤 모델은 나에게 방향을 알려주었고, 동기부여를 해주었다.

내 안에 있는 롤 모델을 활용하기

당신의 롤 모델은 누구인가요?
당신이 그 사람을 롤 모델로 정한 이유는,
당신에게 그 사람의 모습이 있기 때문입니다.

사람은 자신과 닮은 사람을 이상형으로 꼽는다는 연구 결과가 있다. 연인도 친구도 끼리끼리라는 말은 사람들은 자신과 비슷한 사람에게 공통점을 찾아 호감을 느끼며 어울리기 때문이다.

이 말은 나에게 엄청난 용기를 주었다. '나에게 내 롤 모델의 모습이 있다고?' 내 안에 롤 모델의 모습이 있기 때문에 나는 그들을 동경하고 그들처럼 되고 싶었던 것이었다. 여기서 롤 모델의 역할은 더욱 중요해진다. 나의 현재 모습과 미래의 모습 모두 롤 모델을 통해 알 수 있기 때문이다.

1인기업 실행을 위한 1단계는 바로 '1인기업 롤 모델 설정하기'이다. 롤 모델의 조건은 간단하다. 내가 관심 있는 분야의 콘텐츠를 전달하는 사람 중 가장 끌리는 1인기업을 선택하면 된다. 그 모습이 앞으로 당신의 모습이 될 것이다.

롤 모델을 설정했다면, 다음은 롤 모델로부터 3가지를 파악할 차례다.

1. 왜^{Why} 1인기업을 하는가?

2. 무엇을^{What} 파는가?

3. 어떻게^{How} 파는가?

1번은 롤 기업(롤 모델 1인기업)의 가치이다. 콘텐츠나 고객 등이 바뀌게 되더라도 절대 변하지 않는 기업의 비전이다.

2번은 롤 기업의 콘텐츠이다. 롤 기업이 무엇을 판매하며 돈을 버는지 콘텐츠에 대한 파악이 중요하다.

3번은 롤 기업이 수익을 창출하는 방법이다. 고객은 누구이고 어떻게 마케팅하여 판매하는지. 또한 어떤 스타일(말투, 성격, 행동 등)과 브랜드를 가졌는지 확인해야 한다. 1인기업이 되는 1단계는 롤 모델이자 미래의 나의 모습이자 경쟁자가 될 1인기업을 설정하고, 그들의 실행력을 닮아가는 것이다.

우리의 롤 모델은 혼자 일하는 1인기업의 동료이자, 자극을 주는 경쟁자이자, 좋은 길로 인도하는 멘토가 될 것이다. 명심하자. 1인기업은 혼자 일하지만 절대로 혼자 성장해선 안 된다.

커뮤니케이션과
스피치 역량을 키워라

강연을 하다 보면 꼭 받는 질문이 있다. '어떻게 하면 창업을 잘 할 수 있나요?', '창업에 성공하려면 무엇을 배워야 하죠?'이다.

**자기 창업을 잘하고 싶으면 스피치 역량을,
성공하고 싶으면 커뮤니케이션 역량을 키워라**

• • •
1인기업을 잘 하게 만드는 스피치의 힘

대학생 때 휴학을 하고 친구를 따라 IT 전시장에서 일을 한 경험이 있다. 국내 IT 기술의 미래 모습을 관람객들에게 설명하는 관람객 투어 업무를 담당하였다.

입사 후 약 한 달간 교육생 시절에는 A4용지 30페이지 분량의 시나리오를 숙지해야 했기 때문에, 매일 아침 '오늘은 그만 둬야지' 라는 각오로 출근을 하기도 하였다. 그러다 어느덧 시간이 흘러 교육에 통과하였고, 매일 수많은 관람객 앞에서 미래 IT 기술을 설명하였다.

가끔 단체 관람객들이 동시에 나에게 집중할 때면, 마이크를 놓고 도망가고 싶었을 만큼 경험이 부족하고 부끄러움이 많았지만, 1년 가까이 전시장 일을 하면서 점차 변해갔다. 시간이 지날수록 단체 관람객들의 집중을 즐기게 되었고, 쇼맨십까지 발휘하는 여유를 갖게 된 것이다.

그때 당시 일하면서 갖춘 발성, 발음과 같은 목소리 전달력과 자세 제스처 등의 바디랭귀지와 같은 스피치 역량은 지금까지도 나의 가장 큰 무기가 되었다. 직장에서도, 사업할 때에도, 특히나 1인기업을 운영 할 때도 스피치 역량은 나를 빛나게 하는 가장 큰 자산이었다.

미국의 심리학 교수 알버트 매러비안은 사람들 사이의 의사소통에서 어떠한 것들에 영향을 받는지 연구하였는데 결과는 놀랍게도 시각적인 요소(바디랭귀지)가 55%, 청각적인 요소(목소리) 38%, 언어적인 요소(말의 내용) 7%로 나타났다.

이 말은 곧 콘텐츠를 전달 하는데 있어, 콘텐츠의 내용은 7%, 이것을 전달하는 시청각적 요소가 93%의 영향을 미친다는 결과이다. 아무리 좋은 콘텐츠를 갖고 있다고 하더라도, 콘텐츠를 받아들이는 요소의 93%는 1인기업의 스피치 역량에 달린 것이다. 1인기업을 잘 하려면 스피치 역량은 선택이 아닌 필수이다.

• • •

1인기업을 성공하게 만드는 커뮤니케이션의 힘

지금까지 셀 수 없이 수많은 창업가를 만났다. 그리고 그들 중에 성공한 창업가에겐 한 가지 공통점이 있었다. 바로 '커뮤니케이션 능력'이다.

정부지원사업 선정을 위한 교육 프로그램에서 창업 전문가로 2명의 창업가를 멘토링 한 적이 있다. 창업가 A의 경우 아이템의 기술력과 비즈니스모델이 매우 뛰어났다. 원천기술이었고 트렌드에 적합한 아이템으로 평가되었다. 반면 창업가 B는 다소 평범한 비즈니스모델과 기술력을 가졌다.

이들 중 누가 지원사업에 선정되었을까? 놀랍게도 지원사업에 선정된 것은 창업가 B였고, 나 또한 당연한 결과라는 생각이 들었다. 과연 그들의 결정적인 차이는 무엇이었을까?

사업을 하며 깨달은 것이 있다. 사업에 있어 중요한 것은 사업의 아이템이 보다, 어떠한 아이템이라도 팔 수 있는 사업가의 영업력과 사업 능력이며, 이러한 역량을 갖춘 사람이 사업을 해야 한다는 사실이다.

정부지원사업에 선정된 B는 딱 위와 같은 사업역량을 갖춘 창업가였다. 어떤 아이템이라도 판매할 수 있을 전략과 에너지를 갖춘 사람이었다. 그리고 가장 큰 장점은 그가 가진 커뮤니케이션 능력이었다. 자신이 아닌 타인에 입장에서 항상 생각하고 말하며 행동하는 공감 능력과 융통성이 매우 뛰어났다.

반면 A는 뛰어난 아이템을 가졌음에도 불구하고 그것을 전달할 때 상대방에 입장에서 생각하는 공감 능력이나, 예상치 못한 상황에 대처하는 융통성이 부족하였다.

여러 창업가를 만나며 커뮤니케이션 능력에 따른 사업 성패 사례를 직간접적으로 접하게 되었고, 그 결과 창업학 석사학위 졸업논문을 '창업가의 커뮤니케이션 능력이 창업역량과 창업 성과에 미치는 영향'이라는 주제로 연구하며 연구 결과 또한 유의미한 영향을 미친다는 결과를 확인하기도 하였다.

1인기업 또한 커뮤니케이션 능력이 성공에 큰 영향을 미친다. 콘텐츠 생산, 콘텐츠 판매, 콘텐츠 전달 등. 가치를 생산하고 영업하며 판매하는 전 과정에 커뮤니케이션 능력이 필요하기 때문이다. 나의 경험과 지식을 나누며 매일 사람들과 소통하는 자기창업가에게 커뮤니케이션 능력은 가장 중요한 핵심 역량이라 할 수 있다.

커뮤니케이션 능력 적용하기

커뮤니케이션 능력의 구성요소

1. 공감과 타인지향성
상대방과 처지를 바꾸어 생각하는 정신으로, 감정이입 능력이 있는 사람은 타인의 의도나 상황을 짐작한다.

2. 행동적 융통성
아이에게는 아이에 맞게, 어른에게는 어른에 맞게 얘기하는 것처럼, 송신자로서 수신자가 수용하기에 적절한 수준의 메시지를 필요에 따라 구사할 줄 아는 것이다.

3. 사회적 긴장 완화
사회적 상호작용이 이루어질 때 불안감과 두려움이 아닌 편안한 감정을 유지하며, 상대의 부정적인 반응이나 비판을 과도한 스트레스 없이 처리하는 능력이다.

커뮤니케이션 능력의 첫 번째 구성요소인 공감 및 타인지향성은 1인기업의 콘텐츠 설계에 도움이 된다. 고객의 입장에서 어떤 콘텐츠가 필요할지, 어떻게 구매로 이어질지 타인의 입장에서 생각할 수 있다. 그렇기 때문에 시행착오를 줄이고 고객을 위한, 고객에 의한 콘텐츠를 생산할 수 있다.

두 번째 구성요소인 행동적 융통성의 경우 콘텐츠를 전달할 때 도움이 된다. 아무리 좋은 콘텐츠를 가졌다고 하더라도 고객의 특성에 맞게 콘텐츠를 제공해야 한다. 예를 들어 같은 콘텐츠라고 하더라도 고객의 연령, 관심사, 상황에 따라 맞춤 콘텐츠를 제공해야 하는 것이다.

세 번째 구성요소인 사회적 긴장 완화의 경우 고객과의 만남이나 거래처와의 관계에 도움이 된다. 특히 1인기업의 경우 새로운 고객이나 거래처를 만나는 경우가 많기 때문에 새로운 사람을 만나는 것에 대한 스트레스가 없어야 나와 상대방 모두 편안한 관계를 쌓을 수 있다. 커뮤니케이션 능력은 이처럼 콘텐츠를 생산하고, 전달하고, 관계를 유지하는 전 과정에 영향을 미친다.

스피치 역량이 1인기업을 잘하게 만드는 기술이라면, 커뮤니케이션 역량은 1인기업을 성공하도록 만드는 본질이자 성공의 핵심 요소가 된다.

콘텐츠를 효과적으로 전달하는 스피치 역량과, 콘텐츠의 전 과정에 영향을 미치는 커뮤니케이션 역량으로 성공하는 1인기업을 누구나 만들 수 있다.

온라인 사무실로 온라인 건물주가 되는 플랫폼을 구축하라

앞서 이야기했던 것처럼 1인기업은 위험부담이 없다. 따라서 1인기업에겐 매달 고정비가 발생하는 오프라인 사무실이 아닌, 언제 어디서나 고정비 없이 일할 수 있는 온라인 사무실만 존재한다.

1인기업이 온라인 사무실을 구축해야 하는 또 다른 이유는 대부분에 사람들이 온라인에서 콘텐츠를 찾고 소비하기 때문이다. 1인기업의 성공은 콘텐츠가 온라인에 얼마나 잘 노출되어 있느냐에 달려있다. 콘텐츠를 홍보하고 수익을 창출할 수 있도록 하는 온라인 사무실(플랫폼)은 1인기업 운영에 가장 중요한 역할을 한다.

온라인 사무실을 위한 메인 플랫폼 선택하기

기업에게 가장 중요한 것은 고객이다. 제 아무리 유일무이한 아이템, 콘텐츠를 갖고 있다고 하더라도 이것을 소비해줄 고객이 없다면 어떠한 가치도 만들어낼 수 없다.

물고기를 잡으려면 물고기처럼 생각하라는 말이 있다. 1인기업이 고객을 만나기 위해서는 고객이 어떤 플랫폼을 통해 콘텐츠를 찾고 소비하는지 고객처럼 생각하고 조사해야 한다.

먼저 고객 특성에 따른 전략적인 메인 플랫폼 구축이 필요하다. 유튜브, 블로그, SNS 등 처음부터 다양하게 플랫폼을 구축하는 방법도 있지만, 여러 플랫폼을 한꺼번에 운영하다 보면 집중력도 흐려지고 금방 지치게 된다. 고객이 어떤 플랫폼을 이용하여 콘텐츠를 찾고 소비하는지 조사하여 메인 플랫폼을 탄탄하게 구축한 이후에, 추가 플랫폼을 확장하는 것이 효율적이다.

나의 경우 네이버 블로그에 메인 플랫폼을 구축하였다. 블로그는 네이버 검색으로 노출되기 때문에 주요 고객인 강연기획자 및 섭외 담당자에게 노출될 확률이 높았다. 또한 프로필과 콘텐츠를 카테고리별로 정리할 수 있다는 장점이 있었다.

처음 블로그를 시작할 때는 '정말 블로그를 보고 고객이 찾아올까?' 싶었지만 차근차근 나의 경험과 지식을 고객이 검색할 만한 '창업 교육', '창업강사' 등과 같은 키워드로 블로그에 노출시켰다. 그 결과 대학 창업교육 담당자, 공공기관 창업 프로그램 기획자로부터 강연 제안을 받게 되었다.

전략은 두 가지였다. 첫째, 고객이 있는 곳에 메인 플랫폼을 구축할 것. 둘째, 고객의 입장에서 검색할 만한 노출 키워드를 사용할 것.

● ● ●
온라인 건물주가 되는 플랫폼 확장하기

2장에서 이야기한 수익 메커니즘은 팔리는 콘텐츠를 설계하는 방법이었다면, 실행에서 다룰 수익 메커니즘은 본격적인 수익 파이프라인을 구축하는 방법에 관해 이야기해보려 한다.

고객을 만나기 위한 메인 플랫폼을 선택하는데 대부분 글과 말을 대표하는 블로그나 유튜브와 같은 노출이 잘 되는 콘텐츠를 선택했을 것이다. 하지만 이런 플랫폼은 파워 블로거, 유명 유튜버가 되지 않는 이상 큰 수익을 발생시키긴 힘들다. 그렇기 때문에 메인 플랫폼은 '홍보'와 '소통'을 위한 플랫폼이며 실제 수익을 창출하는 플랫폼을 확장하는 것이 필요하다.

온라인 건물주가 되어 수익 파이프라인을 만들다.

메인 플랫폼으로 온라인 사무실을 구축하였다면, 이제는 플랫폼 확장을 통해 온라인 건물주가 될 차례이다. 온라인 건물주란 온라인에서 주기적으로 수익을 거두는 이들을 가리킨다. 매달 고정적으로 월세를 챙겨 받는 건물주에 빗대 이 같은 이름이 붙여졌다. 온라인 건물주의 가장 큰 특징은, 오프라인과 달리 온라인 세상에서는 건물주가 되기 위한 목돈이 필요 없다는 것이다. 오로지 나의 경험과 지식, 콘텐츠만 필요할 뿐이다.

온라인 사무실에서 '저절로 돈이 벌리는 시스템' 즉, 수익 파이프라인을 구축하여 온라인 건물주가 되어야 일하지 않아도 돈을 버는 진정한 1인기업이 될 수 있다.

만약 블로그에 메인 플랫폼을 구축하였다면 블로그에 올린 정보로 PDF 전자책을 만들어 온라인으로 판매하고, 유튜브에 메인 플랫폼을 구축하였다면 온라인 강의 플랫폼에 나의 영상을 강좌로 만들어 판매하는 수익모델을 구축하는 것이다.

여기서 온라인 건물주의 엄청난 장점 또 한 가지가 나타난다. 초기 투자 비용이 들어가지 않는 온라인 건물주의 또 하나의 장점은 바로 무한한 수익이다.

오프라인 건물주는 아무리 임대 수익이 높아도 유한한 수익과 공실 위험이 발생한다. 하지만 온라인 건물주의 수익은 무한하다. 초기 투자 비용이나 공실 위험 없이 수익 창출과 동시에 어떠한 고정비용 없이 모두 나의 수익이 된다. 또한 고객을 직접 응대하거나 관리하지 않아도 쉽게 콘텐츠를 거래할 수 있다.

읽기 -> 듣기 -> 보기 -> 경험하기 -> 익히기

《백만장자 메신저》의 저자는 자신의 경험과 지식을 전달하는 자를 '메신저'로 표현하였으며, 이러한 메신저가 사람들에게 정보를 전달하는 방식을 5가지 단계로 설정하였다.

읽기는 책이나 블로그 글을 통한 정보제공방식이며, 듣기는 팟캐스트나 전화상담에 해당된다. 보기는 우리에게 너무나 익숙한 유튜브나 온라인 강의플랫폼을 통한 정보이며, 경험하기는 세미나, 워크숍 등과 같은 행사에 해당한다. 마지막 익히기는 코칭이나 프로그램 등록을 통한 정보제공이다.

블로그를 통해 유입된 고객이 있다면 그 고객을 블로그에 머무르게 해선 안 된다. 나의 팟캐스트나 유튜브를 구독하도록 만들어야 하며, 내가 주최한 세미나에 참석하고 유료 코칭이나 프로그램을 등록하도록 만들어야 한다. 그것이 온라인 사무실을 통해 온라인 건물주가 되는 방법이다.

정보가 온 사방에 널려있는 지금, 처음부터 나의 콘텐츠를 '익히도록' 만드는 것은 어려운 일이다. 나의 콘텐츠를 충분히 읽고, 듣고, 보고, 경험하게 한 뒤 익히고 싶게 만들어야 한다. 나의 콘텐츠가 익히고 싶은 콘텐츠가 되었을 때, 파이프라인은 저절로 완성된다.

콘텐츠 마케팅으로
고객을 구원하라

마지막까지 남는 마케팅은
콘텐츠 마케팅이다.

– 세스 고딘 (Seth Godin)

고객을 만나는 플랫폼을 구축하였다면 이제 고객을 구원할 차례이다. 세계적인 마케팅 고전 도서인 《보라빛 소가 온다》의 저자 세스 고딘은 마지막까지 남는 마케팅은 콘텐츠 마케팅이란 말을 하였다. '콘텐츠 마케팅'은 과연 무엇일까?

콘텐츠 마케팅이란 잠재 고객들에게 브랜드를 직접적으로 홍보하기보단 도움이 되거나 관심이 있을 만한 유용한 콘텐츠를 제공하는 것을 뜻한다. 즉, 고객의 문제를 해결하거나 니즈를 충족시켜주는 콘텐츠를 제공함으로써 호감과 신뢰를 쌓아 이를 구매로 연결하고 충성 고객으로 만드는 마케팅 전략이다.

• • •

고객을 구걸하지 않고, 구원하는 전략

자기창업가가 경험과 지식을 나눈다면, 1인기업은 콘텐츠로 마케팅해야 한다. 경험과 지식을 나누는 것과 콘텐츠 마케팅의 가장 큰 차이는 바로 '전략'이다.

플랫폼에 경험과 지식을 나누는 것만으로도 고객을 만날 수 있지만, 만남 이상의 지속적인 수익을 창출하기 위해선 전략이 필요하다. 그 전략은 바로 구독을 통해 단골로 만드는 것이다.

콘텐츠의 고객이 겪고 있는 문제가 무엇인지 어떠한 니즈를 가지고 있는지를 고민하고, 이것을 해결하거나 충족시키는 글이나 영상, 카드 뉴스 등으로 정보를 제공한다. 콘텐츠로 콘텐츠를 만들고, 콘텐츠를 위한 콘텐츠를 생산하는 것이다.

콘텐츠 마케팅의 핵심은 절대 고객에게 수익 창출을 위한 활동으로 보여선 안 된다는 점이다.

디지털 인사이트의 콘텐츠 마케팅 칼럼을 보면 콘텐츠 마케팅이란 고객에게 '구걸'하지 않고 고객을 '구원'하는 것이라 말한다. 콘텐츠로 고객을 구원하면 내가 찾아가지 않아도 콘텐츠를 통해 자연스럽게 고객이 먼저 찾아온다는 것이다. 이것이 고객을 단골로 만들고, 단골을 팬으로 만드는 1인기업의 마케팅 전략이다.

연예인처럼 브랜딩하고,
매니저처럼 홍보하라

· · ·

1인기업은 연예인이다

연예 기사를 보다 보면 누가 몇십억, 몇백억 짜리 집과 건물을 구입했다는 뉴스를 접하면 입이 떡 벌어진다. '도대체 얼마나 번 거야?'

선천적인 재능으로 수많은 돈을 버는 이들의 공통점은 바로 자기 '자신이 곧 자산'이라는 점이다. 특히 톱스타 자리에 오른 연예인들을 살펴보면 그들에게는 유일무이하고 대체 불가능한 그들만의 색깔이 존재한다. 언제든 대체 가능한 직장과 사업에선 절대 경험할 수 없는 오직 나와 나만의 개성으로 사랑받고 어마어마한 수익을 창출한다.

연예인은 타고난 끼, 외모, 목소리 등 선천적 재능으로 수익을 창출한다면, 1인기업은 경험과 지식이라는 후천적 재능으로 수익을 창출한다. 모두 자신의 재능으로 수익을 창출한다는 공통점을 갖고 있다.

'나'라는 브랜드를 잃으면 모든 것을 잃는다

연예인 중에서 자신이 처음 사랑받았던 외모를 바꾸거나, 창법이 바뀐 경우를 본 적이 있을 것이다. 그럴 경우 아무리 객관적으로 더 나아졌다고 하더라도, 대중의 외면을 받게 되는 경우가 있다. 왜 그럴까?

대중이 사랑한 것은 그 사람만이 가지고 있는 '특별함'이었다. 단지 눈 크기나 코 높이가 아닌 조화로운 얼굴을, 가창력이 아닌 하나뿐인 목소리를 사랑한 것이다.

1인기업도 마찬가지다. 더 잘나 보이는 콘텐츠가 아닌 특별한 콘텐츠에 사람들을 열광한다. 그리고 그 모습을 잃으면 모든 것을 잃게 된다. 나만 갖고 있는 특별함, 그것이 바로 1인기업의 '브랜드'이며 자산이다.

'나'에게 투자하고 관리한다

연예인에게 자기관리는 필수 이상의 가치를 지녔다. 생계 이상의 꿈을 이루기 위한 투자이자 임무이다. 그렇기 때문에 피부관리, 체력관리, 운동 등에 아낌없는 투자를 한다. 연예인들의 입금 전후 모습을 보면 알 수 있듯이 자신에 대한 투자는 곧 수익

과도 연결된다.

1인기업도 마찬가지다. 나의 콘텐츠, 경험과 지식에 끊임없이 투자하며 보여지는 모습 또한 중요한 1인기업의 성공 요소라 볼 수 있다. 항상 기억하자. 1인기업은 연예인과 같다. 나 자신이 최고의 자산이자 브랜드이다.

• • •

1인기업은 매니저이다

연예인에게 꼭 필요한 것은 매니저이다. 대중 앞에서 최고의 모습을 보여주기 위해 스케줄 관리부터 시작하여 보이지 않는 연예인의 다양한 업무를 맡아서 관리한다.

1인기업에게도 매니저가 존재한다. 바로 자기 자신이다. 고객에게 최고의 모습을 보여주기 위해 영상편집이나 콘텐츠 홍보 등과 같은 1인기업 운영에 필요한 전반적인 일을 한다. 마치 우아한 겉모습과 달리 수면 아래 쉬지 않고 발을 저어야 하는 백조와도 같다.

1인기업에 있어 연예인으로 나의 콘텐츠로 수익을 창출하는 것만큼이나 중요한 것이 바로 매니저로 나의 콘텐츠를 관리하고 홍보하는 것이다. 1인기업의 업무가 100%라고 봤을 때, 콘텐츠를 전달하는 연예인의 업무 50% 콘텐츠를 홍보하는 매니저의 업무가 50%라고 이야기할 수 있을 만큼 1인기업에게 매니저의 역할은 없어서는 안 될 존재이다.

'나'를 최고로 여긴다

최고의 매니저는 어떤 사람일까? 최고의 매니저는 곧 자신의 연예인을 최고로 여기는 사람이다. 사람은 본래 자신의 생각대로 행동한다. 그래서 자신의 연예인이 최고하고 생각하는 매니저는 그렇게 행동한다.

비록 톱스타가 아니라 할지라도 마치 톱스타처럼 자신의 연예인을 대하고, 그러한 대접을 받은 연예인은 자신의 가치를 인정받게 되며 나아가 주변에서도 그 연예인을 함부로 대하지 않게 된다.

1인기업은 내가 나를 홍보해야 한다. 그렇기 때문에 그 누구보다 나를 톱스타처럼, 가치 있게 최고로 대해야 한다. 그래야 그 누구도 나와 나의 콘텐츠를 함부로 대하지 않는 것이다.

세상에서 나를 가장 잘 아는 사람은 나 이듯이, 세상에서 나를 최고로 생각하는 사람 역시 나여야 한다. 그래야 고객에게 최고의 가치를 전할 수 있는 것이다.

나는 나의 매니저이다. 나를 최고로 대하며 동기를 부여하는 나만의 파트너이다. 1인기업은 나 스스로와 대화하며 일할 수 있는 유일한 '업'이다.

진심으로 고객의
변화를 원하라

1인기업은 세상을 변화시키는 업이다. 콘텐츠로 고객을 변화시켜 이전과 다른 삶을 살게 하는 것이 1인기업의 가장 큰 존재 이유이다.

1인기업 실행의 마지막 단계는 진심으로 고객의 변화를 원하는 콘텐츠 전달에 대한 이야기이다.

나의 콘텐츠는 마음속 깊은 곳에서 탄생하였다. 정말 내가 세상에 하고 싶은 이야기였다. 사업 콘텐츠는 사업이 얼마나 힘든지 알기에, 내가 경험한 사업의 시행착오를 다른 사람들은 겪지 않도록 만드는 데서 시작하였고, 취업 콘텐츠는 주변에 잘못된 취업으로 고통받는 사람들을 위해 어떻게 해야 직장을 활용하고 즐길 수 있는지를 알려주기 위해 시작하였다. 1인기업 콘텐츠는 아직도 회사(경영한다면 사업체, 고용되었다면 직장)가 성공의 목표인 사람들에게 평생 경험과 지식으로 성공하는 방법이 있다는 것을 알려주고 싶은 마음에서 시작하였다.

• • •

진심은 선순환된다

1인기업을 시작한 초반에는 강의나 컨설팅을 하기 위해 담당자들과 친해지려 노력하기도 하고, 소정의 기프티콘을 보내기도 하였다. 하지만 데이터를 쌓은 결과 나의 콘텐츠를 다시 찾는 이유는 결국 하나였다. 그날의 강의 혹은 컨설팅의 만족도가 높게 나왔기 때문이다.

콘텐츠를 전달하기 전 항상 기도한다. 나의 콘텐츠를 전달받는 사람들이 이 시간을 통해 변화할 수 있길 바라는 기도이다. 그리고 그 기도대로 변화에 초점을 맞춰 콘텐츠를 전달한다. 나의 목표는 고객의 '변화'이기 때문에 그 외에 다른 것들은 신경 쓰지 않는다.

돈이 목적이었다면 절대 할 수 없는 열정이 발휘되고, 동시에 그것을 받아들이는 고객의 눈에도 열정이 가득 차는 것을 확인할 수 있다. 이것이 나를 다시 찾는 진심의 힘이다. 그리고 이런 1인기업의 진심을 가장 잘 아는 사람은 바로 '고객'이 된다.

진심 없는 콘텐츠는 결국 사라진다

진심으로 콘텐츠를 전달하지 않으면 1인기업은 지속 될 수 없다. 나의 경험과 지식으로 만든 콘텐츠에 나의 진심이 들어있지 않다면 누가 그 콘텐츠를 진심으로 받아들일까?

내가 나를 사랑하지 않으면 누구도 나를 사랑할 수 없듯이, 나의 콘텐츠 또한 내가 진심으로 콘텐츠를 전달하지 않는다면 누구도 나의 콘텐츠를 진심으로 받아들이지 않는다. 우리는 사람이기 때문에 사람을 가장 잘 안다. 이 사람이 나의 변화를 진심으로 바라는지 아니면 그저 돈을 위해 오늘도 똑같은 이야기를 하며 시간을 때우고 있는지.

후자의 경우라면 머지않아 콘텐츠의 수요가 사라지게 될 것이 자명하다.

1인기업은 다른 사람의 이야기를 전달하는 대변인이 아닌 나의 이야기를 하는 사람이다. 그리고 나의 이야기에서 가장 중요한 것은 바로 진심(참되고 변하지 않는 마음의 본체) 이다.

> "진심으로 고객의 변화를 원하는 것,
> 그것이 1인기업을 실행하는 방법의 완성이다.
> 말솜씨나 스킬, 그 모든 것을 뛰어넘는 건 오직 진심뿐이다."

4장

TPR 습관으로
평생 성장하는 1인기업

TPR 습관으로
평생 성장하는 1인기업

앞서 1인기업을 시작해야 하는 이유와 콘텐츠 설계 방법, 그리고 1인기업의 실행방법까지 알아보았다면 마지막으로 1인기업으로 평생 성공할 수 있게 만드는 성장 습관을 이야기할 차례이다. 기업은 자전거와 같다. 페달을 멈추면 그 자리에 서 있는 것이 아닌 쓰러지게 된다. 기업이 쓰러지지 않기 위해서는 매일 조금씩이라도 멈추지 않고 페달을 밟아야 한다.

1인기업도 마찬가지이다. 성장을 멈추면 그대로 있는 것이 아닌 도태되고 만다. 도태되지 않기 위해서는 매일 어제보다 오늘 더 성장해야 한다.

우리가 반복적으로 행하는 것이 바로 우리 자신이다.

- 아리스토텔레스

어제보다 오늘 더 성장하기 위해 1인기업이 하루도 빠짐없이 해야 하는 것이 2가지 있다. 콘텐츠를 전달하는 일로 아무리 바쁘더라도 절대 빼먹으면 안 되는 것. 바로 성공을 지속시켜 줄 성장 습관인 시간 관리와 독서이다.

· · ·

TPR 습관으로 평생 성공하는 1인기업

성경 〈고린도전서〉 4장 15절에 보면 사도 바울이 고린도 교회 성도들에게 보낸 편지 내용이 나온다. '그러므로 내가 너희에게 권하노니 너희는 나를 본받는 자가 돼라'

바울의 권면에서 주목할 것은 자기 말을 따르라고 하지 않는다는 것이다. 바울은 자신의 말이 아닌 자신의 삶을 따르라고 권한다.

1인기업도 마찬가지다. 콘텐츠를 전달하는 데 있어 말뿐이 아닌 삶으로 전달해야 한다. 그러기 위해선 나 스스로 콘텐츠를 실행하는 사람이 되어야 한다.

평생 성공하는 1인기업이 되기 위한 TPR 습관은 시간 관리 Time management와 독서Reading로 구성된다. 이 두 가지 습관으로 어제보다 오늘 더 성장하는 1인기업Person이 될 수 있는 것이다.

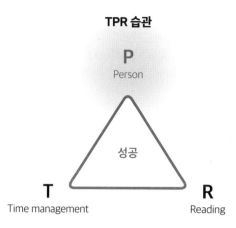

TPR 습관

P
Person

성공

T
Time management

R
Reading

　TPR Thermo Plastic Rubber은 본래 '말랑말랑하고 내구성이 우수한 고무와 플라스틱 중간 형태의 재질'을 뜻한다. 일반 고무보다 가볍고 신축성과 복원력이 우수할 뿐 아니라 미끄럼 방지 기능이 뛰어나서 신발의 바닥 부분에 많이 사용되는 재질이다.

　TPR 습관 또한 1인기업의 밑창 역할을 한다. 어떠한 환경에서도 시간관리와 독서를 통해 바로 설 수 있도록 1인기업을 지키며 성장을 돕는다.

**습관이란 인간으로 하여금
그 어떤 일도 할 수 있게 만들어준다**

- 도스토옙스키

1인기업의 자본관리,
시간관리

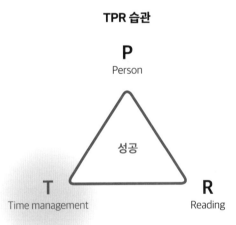

TPR 습관

P
Person

성공

T
Time management

R
Reading

1인기업을 시작했다면 이제 나에게 가장 큰 가치는 '시간'이 되어야 한다. 시간은 경험과 지식을 쌓을 수도 있고, 쌓은 경험과 지식으로 수익을 창출할 수도 있다. 시간을 어떻게 사용하는지 그 선택에 따라 어제보다 성장하고 성공하는 오늘을 만들 수 있다.

1인기업은 콘텐츠를 기획해야 하고, 제작해야 하고, 홍보해야 하고, 전달해야 한다. 동시에 자기개발을 통해 아웃풋을 위한 인풋을 지속해서 쌓아야 한다. 그 외에도 플랫폼 구축과 시장조사 등 여러 가지 일을 혼자 감당해야 한다. 그런 1인기업이 바쁘다는 이유로 시간과 하루를 관리하고 기록하지 않으면 어떻게 될까?

아무것도 남지 않게 된다.

시간을 어떻게 분배해서 사용하고 있는지, 낭비되는 시간은 얼마나 되며 성장에는 얼마나 시간을 투자하고 있는지 전혀 알 수 없게 된다.

시간을 관리하지 않는 1인기업은 마치 재무제표가 없는 기업과도 같다. 그 기업에 아무리 투자하고 싶어도 어떻게 자금이 사용되고 있는지, 이익은 발생하고 있는지 알 길이 없게 된다.

여태껏 다양한 시간 관리 도구를 사용해 봤지만 결국 사람에 따라, 상황에 따라 각자에게 맞는 관리 방법이 달랐다. 어떠한 방법이든 잊지 말아야 할 것은 1인기업의 시간 = 기업의 자금이며 철저하게 관리해야 할 대상이라는 사실이다.

1인기업의 투자, 독서

남에게 빚지고 태어나서 남이 정해준 이름으로 살고
남이 묻어준다.
스스로 남긴 기록이 없다면, 결국 나는 어디에도 없다.

- 손호성 《악당의 명언》 중에서

어렸을 때부터 책 읽는 것을 좋아했다. 감수성이 풍부한 탓에
책 속의 저자와 새벽까지 대화를 나누기도 하였고, 청소년기와 대
학생 때 읽었던 책은 내 인생을 바꾸고 삶의 지표를 세워줬을 만
큼 책은 늘 책 이상의 가치를 나에게 선물하였다.

1인기업은 자신의 경험과 지식으로 수익을 창출함과 동시에
세상을 바꾸는 사람이다. 요즘은 유튜브나 온라인강의 등 여러

TPR 습관

P

Person

성공

T

Time management

R

Reading

매체를 통해 나의 콘텐츠를 세상에 알릴 수 있지만, 오랜 시간 이어져 온 문명의 발전은 모두 책을 통해 이루어졌다. 책은 단순히 콘텐츠를 전달하는 플랫폼이 아니다. 글을 통해 작가의 생각과 의미를 상상하며 깨닫고 대화하는 통로이다. 1인기업의 목표엔 언제나 책 쓰기가 있어야 한다.

《삶은 어떻게 책이 되는가》의 저자는 자신의 책을 읽는 독자들에게 짜증이 난다는 표현을 했다. 자신의 10년 인생 농축 엑기스인 저서를 몇 시간 혹은 고작 며칠 만에 빨아먹는다는 것이다. 그것이 바로 독서의 힘이다. 독자는 저자의 10년 인생을 독서로 단 며칠 만에 흡수해 버린다.

1인기업의 최고의 투자는 이처럼 독서를 통해 다른 사람들의 경험과 지식까지 내 것으로 만드는 것이다. 이 책 또한 나의 지난

10년 동안의 경험과 지식 모든 것이 담겨있다. 이 책을 읽는 당신은 몇 시간 혹은 며칠 만에 나의 10년을 흡수한 것이다.

1인기업은 이처럼 자신의 시간을 독서에 투자한다. 세상에 독서만큼 성공하는 투자는 존재하지 않는다. 어떤 투자가 이와 같은 성과를 낸단 말인가? 경험과 지식으로 수익을 창출하는 1인기업에게 독서는 가장 확실한 투자이다.

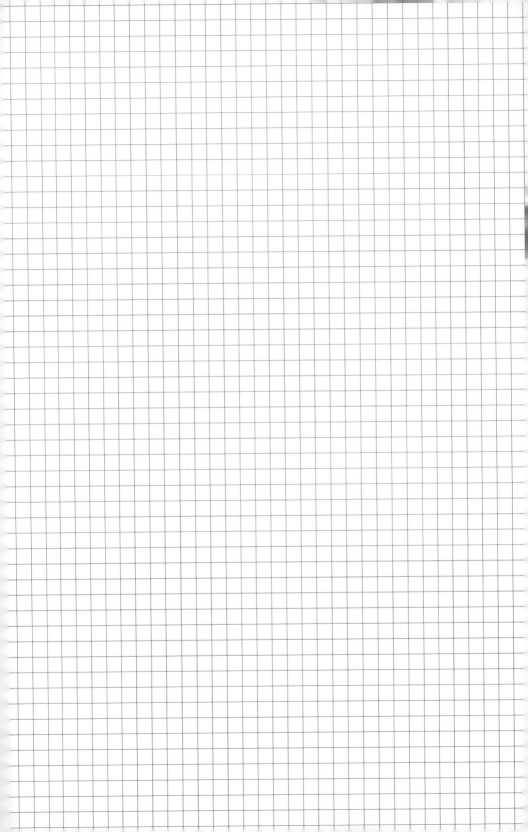

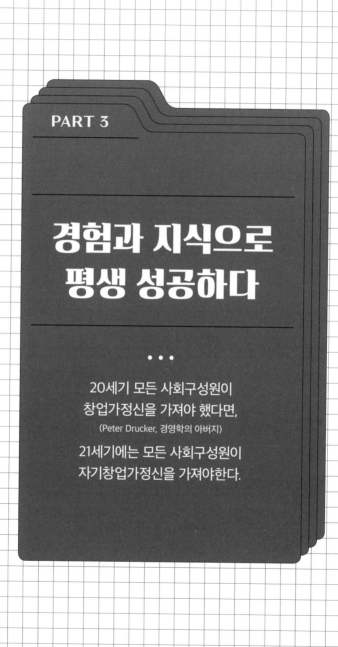

PART 3

경험과 지식으로
평생 성공하다

· · ·

20세기 모든 사회구성원이
창업가정신을 가져야 했다면,
(Peter Drucker, 경영학의 아버지)

21세기에는 모든 사회구성원이
자기창업가정신을 가져야한다.

1장

자기창업가정신으로 평생 성공하는 자기창업가

자기창업가정신으로
평생 성공하다

자기창업가에겐 빛이 난다. 나 자신이 곧 자산인 사람에겐 무한한 자존감과 자신감이 뿜어져 나온다. 더불어 이러한 자기창업가의 성공은 21세기 가장 큰 성공과 부를 갖게 만든다. 나의 경험과 지식이 쌓여 내 이름이 브랜드가 되고, 그 분야의 영향력을 갖게 되는 순간 게임은 끝난다. 백종원, 오은영, 강형욱 하나같이 모두 자신의 경험과 지식으로 전문가가 되어 자신의 분야에 영향력을 갖게 된 사람들이다. 지금은 바야흐로 전문가테이너의 시대이다.

옛날엔 생각이나 했을까? 요리전문가, 육아상담 전문가, 반려견 교육 전문가가 이처럼 큰 영향력과 브랜드를 갖게 될지. 이제 또 다른전문가테이너의 분야를 만들 사람은 바로 당신이다. 자기창업가가 되어 내 분야에 영향력이 생기고 내 이름이 곧 브랜드가 되는 인생을 만들어 보자.

새로운 사업을 시작하려는 창업가가 성공하기 위해서는 창업가정신(=기업가정신)이 필요하다. 창업가가 갖추어야 할 정신을 뜻하는 창업가정신은 '외부환경 변화에 민감하게 대응하면서 항상 기회를 추구하고, 그 기회를 잡기 위해 혁신적인 사고와 행동을 하여, 그로 인해 시장에 새로운 가치를 창조하고자 하는 생각과 의지'로 정의된다.

사업으로 성공하는 창업가의 창업가정신처럼, 경험과 지식으로 성공하는 자기창업가에게도 성공하기 위한 자기창업가정신이 존재한다. 경험과 지식으로 성공하기로 선택하고, 혁신적인 사고와 태도로 성공을 발견하며, 실행을 통해 세상을 변화시킨다.
또한 불확실한 환경에서 위험을 감독하여 성공을 지속하는 것이 '자기창업가정신'이라 정의할 수 있다.

나로 성공하기 위한 자기창업가정신의 구성요소로는 자신의 삶을 주도적으로 만들어가는 〈자기주도성〉과 창업가정신의 구성요소인 〈혁신성〉, 〈진취성〉, 〈위험감수성〉으로 구성되어있다.
불확실한 환경을 확실한 성공으로 만드는 방법은 자기창업에 있다. 나를 평생 책임져주지 않는 직장과 사업이 아닌 평생 나를 떠나지 않으며 투자하면 할수록, 시간이 흐를수록 더욱 가치있고 빛나는 경험과 지식으로 창업해야 한다.

나로 성공하는 자기창업가정신은 크게 4단계로 구성되어있다. 1단계는 자기주도성으로 성공을 선택하고, 2단계는 혁신성으로 성공을 발견하며, 3단계는 진취성으로 성공을 실행한다. 그리고 마지막 단계인 위험감수성으로 성공을 지속시키며 평생 나로 성공한다.

20세기 말에 현대 경영학의 아버지라 불리는 '피터 드러커Peter Drucker'는 창업가정신을 기업 단위에 국한하지 않고 한 사회의 모든 구성원이 본질적으로 가지고 있어야 할 자기혁신의 바탕으로 '창업가정신'을 강조하였다.

자기창업가정신 성공 4단계

불확실 ⟶ 성공

위험 감수성 ← 4단계 : 성공 지속

진취성 ← 3단계 : 성공 실행

혁신성 ← 2단계 : 성공 발견

자기 주도성 ← 1단계 : 성공 선택

그러나 21세기의 성공은 '자기창업가정신'에 달렸다. 나로 성공하는 자기창업가정신만 있다면, 평생 성공하는 삶을 살 수 있다.

자기주도성으로
성공을 선택하다

자기주도성 : 자신이 주동적으로 자신의 일을 이끌어 나가는 성질

엘비스 프레슬리 이후 최단 시간 가장 많은 빌보드 1위를 기록한 아티스트이자, 2010년대 가장 많은 빌보드 1위 곡을 가진 브루노 마스Bruno Mars. 그의 이름은 몰라도 그의 노래를 모르는 사람은 아마 없을 것이다. 'Uptown punk', 'Just The Way You Are', 'The lazy song' 등 수많은 히트곡을 만들어 낸 그는 화성에서 온 천재라는 수식어가 가장 잘 어울리는 싱어송라이터이다.

태어났을 때부터 곡을 만들었을 것 같아 보이는 그는 사실 2004년까지 단 한 번도 작곡을 해보지 않았다. 가수가 되기 위해 LA로 온 그는 유명레이블 모타운과 계약하지만, 당시 LA에서

는 노래를 잘하는 것뿐만 아니라, 자기 노래 정도는 쓸 줄 알아야 했다. 당시 노래를 잘 부르는 것 말고는 할 줄 아는 것이 없었던 그에게 데뷔에 기회는 주어지지 않았다.

'그는 쓰고, 쓰고 또 썼습니다. 멈추질 않았어요'

– 아론 베이셔크

싱어송라이터가 성공하는 LA에서 브루노 마스는 곡을 만들지 못하는 가수였다. 하지만 그는 포기하지 않았다. 쓰고 또 쓰며 곡을 만들었다. 그 결과 피나는 노력 끝에 브루노 마스는 히트곡을 탄생시키며 프로듀서로 인지도를 쌓아나갔다.

놀랍지 않은가? 가수로 성공하는 것이 목표였지만, 싱어송라이터에게만 데뷔 기회가 주어지자 그는 한 번도 해보지 않았던 곡을 만들기 시작했고, 앨범을 제작하는 프로듀서가 되었다. 그렇게 프로듀서로 인지도를 쌓은 후에 자신이 원하는 가수의 길을 걷기 시작하였고, 탄탄한 실력으로 승승장구하며 그래미상, 아메리칸 뮤직 어워드, 빌보드 뮤직 어워드, BRIT 어워드를 비롯한 많은 상을 수상 할 수 있었다. 그가 2010년부터 가수로서 경력을 시작한 이래로, 전 세계적으로 800만 장의 앨범과 5,800만 장이 넘는 싱글 판매고를 기록했다. 싱어송라이터, 프로듀서, 가수로서 참여한 모든 노래의 싱글 판매량을 따진다면 1억 장이 넘는다.

· · ·

자기주도성으로 성공을 선택하다

브루노 마스가 이처럼 성공할 수 있었던 이유는 무엇일까? 바로 그가 가진 자기주도성 덕분이다. 자기주도성이란 외부(환경, 상황)에서 오는 자극에 의한 자신의 반응을 선택하는 역량이다.

브루노 마스는 LA에서 싱어송라이터를 원한다는 '자극'에도 좌절하거나 포기하지 않았다. 오히려 한 번도 해보지 않았던 길인 어쩌면 불가능해 보였던 싱어송라이터가 되는 '반응'을 선택한 것이다. 만약 브루노 마스가 곡을 만드는데 소질이 없는 사람이었다면 그는 실패했을까? 그렇지 않았을 것이다. 그는 어떠한 방법을 써서라도 그는 반드시 가수로 성공했을 것이다. 그는 이미 자신이 성공하기로 선택했기 때문이다.

자극과 반응 사이에는 공간이 있다.
그 공간에는 반응을 선택할 수 있는 자유와 힘이 있다.
그 반응에 성장과 행복이 달려 있다.

- 빅터 프랭클

· · ·

자기주도적인 사람 VS 반사적인 사람

세계적인 베스트셀러인 스티븐 코비의 '성공하는 사람들의 7

가지 습관'은 반사적인 사람과 주도적인 사람의 차이를 설명한다. 반사적인 사람은 주도적인 사람과 반대로 외부에서 오는 자극에 의해 자신의 반응이 결정되는 사람이다.

반사의 사전적 의미를 보면, '의지와는 관계없이 자극에 대하여 일정한 반응을 기계적으로 일으키는 현상'이다. 즉, 반사적인 사람의 경우 주위 사람들이 자신을 인정하거나 잘 대해줄 때 기분이 좋아진다. 그러나 그 반대의 경우, 자신에게 비판적이거나 불친절할 때에는 방어적이고 자기 보호적이 된다. 이처럼 반사적인 사람은 다른 사람들의 행동에 의존적이며 다른 사람들이 자신을 통제하도록 내버려 둔다.

저자는 주도적인 사람과 반사적인 사람의 결정적 차이는 '책임감'이라고 이야기한다. 주도적인 사람은 자극에 의한 반응을 선택할 때 자신의 가치관에 의한 선택을 하고 그 결과에 책임을 진다. 결과가 좋지 않더라도 스스로 의식적인 선택을 하였기 때문에 책임을 외부에 전가하거나 탓하지 않는다.

반면 반사적인 사람은 외부 자극에 의해 반응이 '결정'되기 때문에, 결과가 좋지 않을 경우 그 책임을 외부에 전가하며 탓하는 삶을 산다.

자기주도성이 성공에 큰 영향을 미치는 이유는 결과를 대하는 '태도' 때문이다. 주도적인 사람은 항상 자신의 선택에 책임을 진다. 선택의 결과에 문제가 발생할 경우 그 원인을 '자신'에게서 찾는다. 그리곤 문제를 해결하기 위해 자신을 변화시켜 나간다.

내가 바꿀 수 있는 것은 오직 '나'밖에 없기 때문이다.

반사적인 사람은 자신의 선택에 책임을 지지 않는다. 그래서 만약 문제가 발생할 경우 문제의 원인을 '외부'에서 찾는다. 여기서 더욱 큰 문제가 발생한다. 외부에서 문제를 찾으면 자신이 통제할 수 있는 것이 없어진다. 즉 문제는 돌이키거나 바꿀 수 없는 부정적인 결과로 존재하게 된다.

주도적인 사람은 문제를 자신이 통제할 수 있는 요소로 본다면, 반사적인 사람은 문제를 외부에 의한 통제 불가능한 요소로 보게 되는 것이다.

성공하고 싶은가? 문제를 책임지고 원인을 나에게서 찾아라. 그리고 변화시켜라.

● ● ●

자기창업가는 자기주도성으로 성공을 '선택'한다

주도적으로 자신의 길을 선택하고 책임지는 자기주도성은 자기창업의 시작이라 할 수 있다. 당장 창업하고 싶었지만 가진 것이 없어 취업해야 할 때, 성공을 선택한 자기창업가는 낙담하지 않고 창업을 위한 취업을 하였다. 주도적으로 직장을 선택하였고 활용하고 즐겼다. 그 결과 직장에서 성공하는 자기창업가가 되었다.

사업을 할 때도 시행착오를 겪을 때마다 주저앉거나 포기하지 않았다. 나의 시행착오를 콘텐츠로 만들어 나와 같은 길을 건

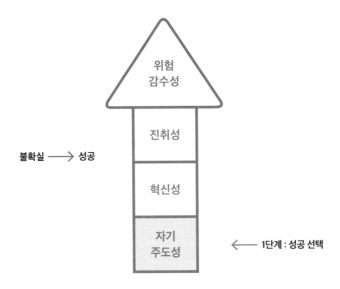

게 될 예비창업가에게 공유하였고, 사업보다 사업의 경험과 지식을 전하며 성공할 수 있었다.

자기창업가는 이처럼 외부환경에 영향받는 대신 주도적으로 자신의 길을 선택하고, 결과에 책임지기 위해 자신을 변화시키며 성공하는 자기주도적인 사람이다. 하려는 자는 방법을 찾고, 하지 않으려는 자는 핑계를 찾는다는 말이 있다. 성공을 선택한 자기창업가는 실패의 핑계가 아닌 성공의 방법을 찾는다. 나아가 실패를 성공으로 만드는 선택을 한다.

자기창업가는 어떤 환경에서도 자기주도성으로 성공을 선택한다.

혁신성으로
성공을 발견하다

혁신성(Innovativeness) : 묵은 것을 완전히 고쳐 새롭게 바꾸려는 성질

자기주도성으로 성공을 선택했다면 이제 성공을 발견할 차례이다. 자기창업가는 자기주도성으로 성공을 선택하면서 동시에 이전과 전혀 다른 사람으로 새롭게 태어난다. 기존의 모습을 완전히 새롭게 바꾸며 180도 달라진 혁신적인 태도를 갖게 된다.

어제와 똑같이 살면서 다른 미래를 기대하는 것은
정신병 초기증세이다.

– 아인슈타인

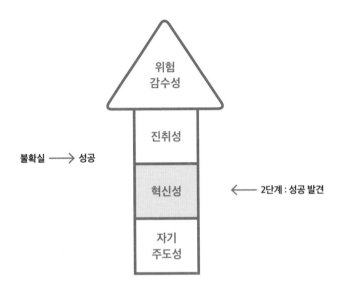

자기창업가정신 성공 2단계

이시형 뇌과학 박사의 저서 《공부하는 독종이 살아남는다》에 따르면 인간과 동물의 가장 큰 차이는 바로 새로움을 대하는 태도라고 말한다. 동물은 그들의 습성 그대로, 유전자에 각인된 그대로만 행동한다. 그래서 동물은 어떠한 변화도 발전도 동시에 권태도 없다. 반면 인간은 동물과 다르게 '새로운 것'을 학습하려는 본성이 있다. 인간의 뇌는 동물의 뇌와 다르게 언제나 새로운 것, 신기한 것, 호기심에 대한 갈망이 크다. 그것이 바로 끊임없이 발전하는 인간의 본능이자 생존능력이라 말한다.

경제학자 슘페터는 《경제발전론》(1912)에서 창업가의 이윤은 낡은 것을 파괴, 도태시키고 새로운 것을 창조하고 변혁을 일으키는 '창조적 파괴'에 의한 대가라고 했다. 경제발전의 핵심 요소는 창업가의 창조적 파괴, 즉 혁신임을 강조하였다.

이처럼 인간의 성장과 경제발전의 핵심은 모두 묵은 것은 완전히 고쳐 새롭게 바꾸는 '혁신'에서 비롯된다. 창업가 = 혁신가라고 이야기할 만큼 혁신은 창업가의 가장 중요한 요소가 된다.

창업가가 혁신가라면, '자기창업가=자기혁신가'라고 말할 수 있다. 나로 성공하는 자기창업가가 성공하기 위해선 성공할만한 '나'로 새롭게 태어나야 한다.

자기창업으로 성공하기 위해 경험과 지식을 목표로 일하고, 일한 경험과 지식을 나누는 시작. 그것이 성공을 발견하는 자기창업가의 자기혁신이다.

• • •

자기창업가적 태도로 성공을 발견하다

참된 발견은 새로운 땅을 발견하는 것이 아니고,
새로운 눈으로 보는 것이다.

– 마르셀 프루스트

자기창업가가 된 후 가장 달라진 건 태도의 변화였다. 이전에는 주어진 일만 하였다면, 자기창업 이후에는 주어지지 않은 일까지 하였다. 나의 경험과 지식을 쌓는 데 도움이 될 만한 일을 찾고 쌓다 보니 직장에서 아무도 하지 않았던 낡은 시스템을 새롭게 바꾸고, 새로운 프로젝트를 제안하는 직원이 되었다. 그렇게 주어지지 않은 일을 계속하다 보니, 어느새 대체 불가능한 사람이 되어 직장에서 위치가 달라져 있었다. 자리가 사람을 만든다는 말이 있다. 하지만 그 자리를 만드는 것 또한 바로 그 사람이다. 직장에서 임원이 되고 싶다면 임원처럼 일해야 한다. 임원은 주어진 일을 하는 사람이 아니다. 회사에 수익을 창출하기 위해 끊임없이 일을 만들어 내는 사람이다. 그런 사람이 임원이 되고 임원의 역할을 잘 수행할 수 있는 것이다.

이미 많은 책에서 경험과 지식으로 수익을 창출하는 방법을 소개하고 있다. 그러나 자기창업의 가장 큰 특징은 경험과 지식이 목표가 되는 것부터 시작한다. 자기창업가와 그렇지 않은 사람의 가장 큰 차이는 경험과 지식이 목표가 되는 혁신적인 태도에 있다.

자기창업가는 경험과 지식이 목표가되는 혁신적인 태도로 성공을 발견한다.

진취성으로
성공을 실행하다

> **진취성**(Proactiveness) : 적극적으로 나아가서 일을 이룩하는 성질

진취성은 우리가 선택하고 발견한 성공을 실행하는 역량이다. 아무리 자기주도성으로 성공을 선택하고 혁신성으로 성공을 발견한다고 하더라도, 긍정적이고 능동적인 태도로 행동에 옮기지 않는다면 절대 성공을 실행할 수 없다.

• • •

실패를 두려워하지 않는 자기창업가

아무것도 하지 않으면, 아무 일도 일어나지 않는다.

어렸을 때부터 아버지가 자주 하던 말이 있다. '해보는 것이 중요한 거야' 당시에는 잘 몰랐지만 이 말에는 엄청난 힘이 숨어 있었다.

초등학교 재학시절 과학의 날 발명대회에 출품하기 위해 온 집안을 쑥대밭으로 만든 적이 있다. 아무리 찾아도 마땅한 발명품 소재가 떠오르지 않던 중 티비 옆에 있던 로봇강아지가 눈에 들어왔다. 배에 있는 전원 버튼을 누르면 앞으로 걸어가는 로봇강아지였다. 당시 무더운 여름이었는데 나는 그 로봇강아지를 바라보며 다리에 부채를 붙인다면 걸을 때 마다 부채질을 해주는 로봇강아지가 될 거라 생각하였다.

나의 아이디어를 주변에 이야기하자 모두 말도 안 된다는 반응을 보였다. 괜히 만들면 로봇강아지만 망가질 거라며 반대하였다. 하지만 단 한 명 아버지는 반대하지 않았다.

'해보는 것이 중요한 거야'라며 로봇강아지 다리에 부채를 연결하는 일을 옆에서 묵묵히 도와주었다. 막상 만들고 보니 생각하던 모습의 발명품은 아니었지만, 걸으면서 부채질을 해주는 기능에 충실한 로봇강아지가 완성되었다.

모두의 반대를 무릅쓰고 우여곡절 끝에 출품한 로봇강아지는 발명대회에서 최우수상을 받았다. 돌이켜 보면 그때 로봇강아지 발명품은 그리 대단하지 않았다. 하지만 나의 선택을 믿어준 아버지 덕분에 발명품을 출품하여 수상할 수 있었다.

'해보는 것이 중요한' 아버지의 가치관은 나의 성공에 많은 영향을 미쳤다. 어떤 대상을 바라볼 때 '할 수 있다'는 가능성에 집중하는 긍정적인 시선을 갖게 하였고, 주변의 반대에도 나의 선택(아이디어)을 직접 실현시켜 이뤄낸 경험은 나를 스스로 결정하고 행동하게 만드는 적극적인 사람으로 성장할 수 있게 만들어 주었다.

무엇보다 해보는 것이 중요하기 때문에 해보지 않는 것이 곧 '실패'라는 생각을 갖게 되었다.

자기창업가에게 실패는 성공하지 못한 것이 아니다. 나의 경험과 지식의 가치를 믿으며 시도조차 하지 않는 것이 진짜 실패다.

· · ·

행동하고 후회하는 자기창업가

우리는 살면서 2가지 종류의 후회를 한다. 하나는 행동한 후에 겪는 후회이고, 다른 하나는 행동하지 않은 것에 대한 후회이다. 둘 중에 어떤 후회가 더 큰 후회로 남을까?

시도해보지 않고는
누구도 자신이 얼마만큼 해낼 수 있는지 알지 못한다.
- 푸블릴리우스 시루스

친구들은 항상 나를 신기하게 생각했다. 대학생 때는 모델을 한다며 모델 유명 모델에이전시에 등록하여 다니더니 갑자기 걸

그룹을 한다며 엔터테인먼트에 들어가 가수 연습생이 되고, 졸업 후에는 창업을 하더니 공중파 프로그램에 출연하였다. 내가 봐도 나는 참 재미있게 살았다. 그리고 그 비결의 답은 '실행력'에 있었다.

모델에 관심이 생겼을 때 나는 즉시 행동에 옮겼고 그 결과 내 173cm의 모델을 하기엔 작은 키와 왕성한 식욕은 모델에 적합하지 않다는 걸 알게 되었다. 걸그룹도 마찬가지였다. 연습생이 되어 매일 밤낮으로 춤과 노래 연습을 하면서 알 수 있었다. 나에겐 연예인으로서 끼가 없다는 것을.

당시에는 나의 포기가 실패라고 생각했다. 매년 꿈이 바뀌는 자신을 자책하였다. 하지만 시간이 흐른 뒤 알게 되었다. 행동한 결과 내가 진짜 원하는 일을 찾을 수 있으며, 행동한 후에 후회는 할 수 있어도 절대 미련은 남지 않는다는 사실을. 또한 이러한 행동의 결과는 자기창업가의 평생 자산인 경험과 지식을 쌓도록 돕는다는 사실까지. 사업이 성공하진 않았지만 절대 사업한 걸 후회하지 않는다. 사업을 행동으로 옮기며 수많은 시행착오를 겪었고 그것이 곧 경험과 지식으로 평생 성공하는 자기창업 자산이 되었기 때문이다. 마음껏 행동하라. 자기창업가에게 실패란 없다. 실행으로 쌓이는 경험과 지식이란 자산만 있을 뿐.

실패한 일을 후회하는 것보다
해보지도 못하고 후회하는 것이 훨씬 바보스럽다
-《탈무드》

사후가정사고counterfactual thinking라는 심리학 용어가 있다. 이는 어떤 사건을 경험한 후에, 일어날 수도 있었지만 결국 일어나지 않았던 가상의 대안적 사건을 생각하는 것을 말한다.

연구에 따르면 대부분에 사람은 본인이 한 행동보다 하지 않은 행동에 대해 더욱 크게 후회한다. 여기서 흥미로운 점은 단기간에는 자신이 한 행동에 대해 후회하지만, 장기적으로는 하지 않은 행동을 더 후회한다는 사실이다.

자기창업가정신 성공 3단계

행동한 후에 겪는 후회는 결과가 아무리 나쁘다고 해도 10년 이상 후회하진 않는다. 하지만 행동하지 않은 것에 대한 후회는 오랫동안 아주 집요하게 자신을 괴롭힌다. 우리는 행동한 후에 겪는 후회가 훨씬 면역체계가 빠르고 효율적이라는 사실을 기억해야 한다.

자기창업으로 성공하려면 진취적인 실행력은 선택이 아닌 필수요소이다. 자기주도성으로 성공을 선택하고, 혁신성으로 성공을 발견하여도, 진취성으로 실행하지 않는다면 절대 성공을 이룰 수 없다.

자기창업가는 진취성으로 후회없이 성공을 실행한다.

"'내가 먼 훗날 나이가 80세가 되었을 때 살아온 인생을 되돌아볼 때 어떤 결정을 가장 후회하게 될까'를 생각해 봤다.
그때 삶을 뒤돌아보면서 1994년 월스트리트에서 받던 연봉과 보너스를 포기한 일을 후회할 가능성은 없을 것 같다.
어쩌면 그 일이 기억나지도 않을지도 모른다.
하지만 인터넷이라는 세계,
내 마음속 열정이 향하는 그 세계에 뛰어들지 않은 것은 크게 후회할 것 같았다.
설령 뛰어들었다가 실패한다고 할지라도 후회하지 않을 거라 생각했다."
- 제프 베이조스(아마존 창업자)

위험감수성으로
성공을 지속하다

창업가정신
위험감수성 Risk Taking : 불확실한 결과가 예측됨에도 과감하게
도전하려는 성질.

자기창업가정신
위험감수성 Risk supervision : 위험을 관리 감독하여 기회로 만드는 성질.

18세기 프랑스 경제학자 리차드 칸틸런Richard Cantillon은 최초로 창업가Entrepreneur의 용어를 정의하였다. 그는 자기의 저서를 통해 창업가와 피고용자를 분류하고, 창업가란 위험부담을 지고 자신의 사업을 하는 사람으로 정의했다. 또한 불확실한 가격에 상품을 구입하여 불확실한 가격으로 판매함으로써 발생하는 위험감

수성을 창업가정신의 핵심적 요인으로 들었다.

이처럼 창업가정신의 위험감수성은 불확실한 경과가 예상됨에도 불구하고 과감히 도전하려는 의지와 기회를 적극적으로 보색하고 추구하고자 하는 의욕을 말한다. 하지만 성공적인 창업가는 위험을 무조건 감수하는 것이 아니라 위험을 계산하는 태도를 보이며, 불필요한 위험은 피하기도 한다. 이것이 내가 창업경험과 지식을 나누는 교육을 시작한 이유이기도 하다. 창업가는 위험을 그냥 감수하지 않고 계산하여 감수해야 성공할 수 있기 때문이다.

• • •

위험을 감수感受, Taking 하지 않고, 감수監守, supervision하는 자기창업가

반면 자기창업가는 위험을 계산하는 것을 넘어 감독한다. 창업가는 위험을 계산하지만, 자기창업가는 어떠한 위험도 계산하지 않는다. 위험을 스스로 감독하기 때문이다.

창업가로서 사업을 할 때 나는 위험을 즐겼다. 오롯이 나의 감에 의한 선택과 결정을 내렸다. 그 결과 감당하기 어려운 수준을 넘어 감당할 수 없을 정도의 위험과 마주하게 되었다.

하지만 자기창업가는 위험을 계산하지 않는다. 계산할 필요가 없기 때문이다. 나의 경험과 지식으로 성공하는 자기창업에는 어떠한 금전적 투자나 위험이 존재하지 않는다. 밑져야 본전을 넘어 반드시 성공하는 자기창업은 일반 창업과 달리 세상에서 가장 안전한 창업이며 동시에 자기창업을 하지 않는 것이 위험해질 수 있는 반면 시대가 되었다.

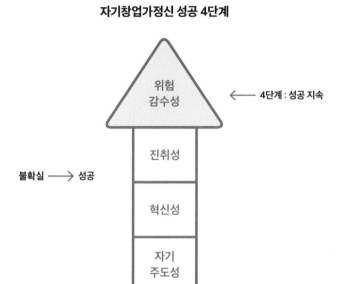

자기창업가정신 성공 4단계

하지만 그런 자기창업에 성공하고 그 성공을 지속하기 위해서는 위험을 감수(감독)하는 것이 필요하다. 자기창업가는 스스로가 1인기업의 자산이다. 그렇기 때문에 자기 자신을 효율적으로 관리하고 운영하는 자기경영과 나의 경험과 지식을 세상에 효과적으로 전달하기 위한 트렌드 분석을 통해 내부와 외부의 위험을 감독하여 성공을 지속해야 한다.

자기경영으로 내부위험을 감독하다

자기창업 프로세스

자기개발	→	자기창업	→	자기경영
자기 자신의 기술이나 능력을 발전시키는 일		자기 자신의 경험과 지식으로 성공하기 위한 시작		자기 자신의 더 나은 미래를 위하여 기초를 닦고 계획을 세워 어떤 일을 해 나감

　프롤로그에서 이야기했듯이 자기창업 이후 자기경영을 통해 스스로를 경영하는 것이 필요하다. 회사를 창업하면 사업을 관리하고 운영하는 경영을 하듯 자기창업 이후엔 자기경영을 통해 나를 효율적으로 관리하고 운영해야 한다.

　경영이란 한마디로 효율성을 높이는 일이다. 회사가 가진 최소한의 자본을 투자하여 최대한의 이익을 창출하기 위해 효율적으로 사업을 운영하는 것이 바로 경영이다.

　자기창업가의 자산이 경험과 지식이라면 자본은 곧 이를 얻을 수 있는 시간이 된다. 나 스스로가 자산인 자기창업가에게 시간은 경험과 지식을 쌓고, 수익도 창출할 수 있는 자본인 셈이다. 최소한의 시간을 투자하여 최대한의 가치를 창출하는 것. 이것이 곧 자기경영의 핵심이라 말할 수 있다.

아무리 좋은 아이템으로 창업을 해봤자, 회사를 효율적으로 관리하지 못하면 기업은 망할 수밖에 없다. 자기창업 또한 마찬가지다. 아무리 독보적인 경험과 지식을 갖고 자기창업할지라도, 자기 자신을 효율적으로 관리하는 자기경영을 하지 못한다면 절대 성공할 수도 성공을 지속할 수도 없다.

• • •

트렌드 분석으로 외부 위험을 감독하다

사업이 힘든 이유를 한가지 꼽으라면 내가 컨트롤할 수 없는 외부 요인들로 인한 위험이 발생하기 때문이다. 예상치 못한 사회, 경제, 환경, 기술, 정치적 이슈 등으로 인한 외부 위험은 기업이 시장에서 더 이상 선택받지 못하도록 만들기도 한다. 아무리 대비한다고 하더라도 시간 여행자가 아닌 이상 이러한 외부 위험을 완벽하게 대비할 순 없다.

하지만 이러한 외부 위험을 최소화하기 위한 전략을 세울 수 있다. 바로 트렌드 분석을 통해 외부 위험을 예측하는 것이다. 트렌드란 사상이나 행동 또는 어떤 현상에서 나타나는 일정한 방향을 뜻한다. 일시적으로 많은 사람의 추종을 받는 유행과 달리, 기존과는 구분되는 한 사회의 변화로서 지속성과 예측 가능한 특징을 갖고 있다.

우리가 역사를 공부하는 이유는 역사는 반복되기 때문이다. 그 누구도 전 세계 휴대폰 점유율 1위 노키아의 추락을 예상하지 못했다. 트렌드를 따라가지 못한 기업의 결과는 가히 처참했다. 반면 스마트폰이란 트렌드를 따라간 삼성전자는 전 세계 휴대폰 점유율 1위(2022년 19%)를 차지할 수 있었다. 이처럼 트렌드에 따른 기업의 흥망성쇠 역사는 자기창업가가 외부 위험을 감독하는 데 매우 중요한 지표가 된다. 자기창업가는 나로 성공하는 사람이다. 그리고 나로 성공을 지속시키는 사람이다. 나의 경험과 지식이 성공하기 위해서는 시장의 선택을 받아야 하고, 그 선택은 '소비 가치에 대한 열망'인 트렌드에 의해 영향을 받는다.

자기경영으로 아무리 내부위험을 관리한다고 하더라도, 트렌드 분석으로 외부위험을 관리하지 않는다면 절대 시장의 선택을 받을 수 없다.

자기창업가는 자기경영과 트렌드 분석으로 위험을 감수(감독)하며 성공을 지속한다.

세상에 하나뿐인
'나'로 성공하기 위한 시작

과거에는 '나'로 성공하려면 타고난 재능, 즉 탤런트가 필요했다. 하지만 지금과 같은 콘텐츠 시대에선 이야기가 달라진다. 타고난 재능이 없더라도 나만의 경험과 지식, 콘텐츠로 성공할 수 있는 기회와 이를 위한 플랫폼들로 넘쳐난다. 더 이상은 타고난 재능이 없어서, 물려받은 재산이 없어서 성공하지 못했다는 핑계는 댈 수 없게 된 것이다.

본문에서도 말하였지만 나로 성공한다는 건 단순한 성공이 아니다. 나라는 존재는 세상에 하나뿐 이기에 성공한 연예인, 운동선수, 예술가와 같이 엄청난 부와 명예가 따라오는 성공을 하게 된다.

당신은 이제 나로 성공하는 기회가 넘쳐나는 시대에 살고 있다는 사실과, 나로 성공하면 엄청난 부와 명예가 따라온다는 것. 그리고 그 시작은 자기창업이라는 사실까지 알게 되었다. 당신은 이제 책을 접은 후 무엇을 할 것인가?

세상에 하나뿐인 '나'로 성공하기 위한 시작, 그 시작과 끝은 오직 자기창업이다.

1. 스스로 일을 선택한다.
2. 나를 성장시키는 일을 한다.
3. 즐기면서 일한다.
4. 현재 하는 일에 대체 불가능한 존재가 된다.
5. 경험을 기록하며 쌓는다.
6. 바로 활용할 수 있는 지식을 쌓는다.
7. 사람들에게 경험과 지식을 나눈다.
8. 나만의 콘텐츠를 만든다.
9. 콘텐츠로 수익을 창출한다.
10. 경험과 지식으로 평생 성공한다.

"나는 이제 <자기창업> 한다."